HH

Bibliografische Information Der Deutschen Nationalbibliothek
Die Deutsche Nationalbibliothek verzeichnet diese Publikation
in der Deutschen Nationalbibliografie; detaillierte
bibliografische Daten sind im Internet über
http://dnb.ddb.de abrufbar.

Wolf Bauer / Torsten Zarges
Creative Leadership.
Erfahrungen aus drei Jahrzehnten an der Spitze der UFA.
Köln: Halem, 2020

http://www.halem-verlag.de

Print: ISBN 978-3-86962-572-0
E-Book (PDF):   ISBN 978-3-86962-573-7
E-Book (ePub):   ISBN 978-3-86962-574-4

Umschlaggestaltung: Bruno Dias Ribeiro
Lektorat: Rüdiger Steiner
Satz: Herbert von Halem Verlag
Druck: Finidr, s.r.o. Tschechische Republik
Copyright Lexicon © 1992 by The Enschedé Font Foundery.
Lexicon ® is a Registered Trademark of The Enschedé Font Foundery.

Wolf Bauer

mit Torsten Zarges

Creative Leadership

Erfahrungen aus drei Jahrzehnten
an der Spitze der UFA

HERBERT VON HALEM VERLAG

Inhaltsverzeichnis

»Aber du darfst keine Angst vor dem Lernen haben, es muss ein Teil von dir und selbstverständlich werden wie das Atmen.«

(Ibn Sina in Noah Gordons *Der Medicus*)

EINLEITUNG

Was ist Kreativität? Wie würden Sie antworten, wenn ich Ihnen diese Frage stellen würde? Ich meine nicht Ihr subjektives Empfinden, sondern den objektiven Stellenwert. Nun, die Zahlen der Europäischen Kommission von 2018 sprechen eine klare Sprache: 1,23 Millionen Unternehmen der Cultural and Creative Industries (CCI) beschäftigen EU-weit 8,66 Millionen fest angestellte Mitarbeiter. Das sind 3,8 Prozent aller sozialversicherungspflichtig Beschäftigten. In Deutschland liegt der Anteil mit 4,0 Prozent geringfügig höher: 1,66 Millionen Angestellte in knapp 129.000 Unternehmen. Zusammengerechnet erwirtschaftet die europäische Kultur- und Kreativindustrie 465,7 Milliarden Euro Umsatz, davon entfallen 95,4 Milliarden auf Deutschland. Hätten Sie gedacht, dass wir damit in etwa so groß sind wie die Metallindustrie, ein Drittel größer als das Baugewerbe und anderthalbmal so groß wie die Kunststoffindustrie?

Aus gutem Grund hat die Politik die Kreativen ins Blickfeld genommen. In offiziellen Berichten der Bundesregierung lässt sich nachlesen, dass die Kultur- und Kreativwirtschaft eine wichtige Quelle für originäre Ideen sei; dass sie zur wichtigen Gestalterin und Impulsgeberin von Innovation werde; dass die Gründungsdynamik in der Kultur- und Kreativwirtschaft höher sei als in anderen Wirtschaftsbranchen; dass zukunftsorientierte

Arbeits- und Geschäftsmodelle hier schon heute alltäglich und viele Unternehmen damit Vorreiter hin zu einer wissensbasierten Ökonomie seien. Keine Frage: In einer Zeit, in der Wissen und Ideen unsere wichtigsten Rohstoffe sind, übernehmen die Creative Industries eine Leitfunktion. Wo es von kreativen Menschen wimmelt, ist allerdings nicht zwingend die ideale Struktur im Einsatz, um das spezifische Talent jedes einzelnen zur Geltung zu bringen. Mit ihrem wachsenden gesellschaftlichen und volkswirtschaftlichen Stellenwert wird es für die Unternehmen der Kreativwirtschaft unverzichtbar, ihre Teams so zu strukturieren und zu führen, dass diese möglichst effektiv, effizient und mit größtmöglichem Innovationsoutput arbeiten können.

Kaum eine Herausforderung hat mich in 27 Jahren an der Spitze der UFA, Deutschlands größter Film- und Fernsehproduktionsgruppe, so intensiv und so dauerhaft beschäftigt wie diese. Kreative Teams zu führen, unterscheidet sich fundamental von der schlichten Steuerung einer hierarchischen Ordnung. Wenn sich jedes einzelne Mitglied eines kreativen Teams als Individuum und als besonderes Talent versteht, dann bedeutet ›Creative Leadership‹, dass auch deren Führung kreative Voraussetzungen erfüllen und kreativen Prinzipien folgen muss. Damit die Menschen, die ich führe, kreativ sein können, muss ich sie auf kreative Weise führen – das war stets meine Überzeugung. Dabei hatte ich eigentlich nie die Absicht gehabt, unternehmerisch tätig zu werden, und ich hatte auch eigentlich keine betriebswirtschaftlichen Voraussetzungen, um eine Unternehmensgruppe zu führen. Da jedoch Bertelsmann – damals der größte Medienkonzern der Welt – zu Beginn der 1990er-Jahre jungen, offenbar zu Hoffnung berechtigenden Nachwuchskräften wie mir beherzt Führungsaufgaben anvertraute, sprang ich ins kalte Wasser und lernte schwimmen – in diesem Fall: unternehmerisch zu handeln.

Hätte mir als Student oder angehender Fernsehjournalist irgendjemand vorausgesagt, dass ich einmal den Marktführer unter Deutschlands Produktionsunternehmen aufbauen und leiten würde – ich hätte nur laut gelacht. Mit hohem Einsatz hätte ich wohl dagegen gewettet, dass ich einmal derjenige sein würde, der gemeinsam mit einem Team aus kreativ und unternehmerisch herausragenden Talenten

- Managementmethoden in einem Segment der Kultur- und Kreativwirtschaft einführt, die dort bis dato nicht zu Hause waren;
- den höheren Sinn oder ›purpose‹ eines Unternehmens, also den Leitgedanken, passgenau zuschneidet auf die kreativen Talente, die dieses Unternehmen erfolgreich machen;
- Innovationsprozesse entwickelt, die zu einem verlässlichen Ideen-Output für über 2.000 Programmstunden pro Jahr führen und neben der Neuerfindung von Programmen auch die Adaption internationaler Formate und die Optimierung langlaufender Programmmarken umfassen;
- eine Programmmarkenstrategie umsetzt, die dem Unternehmen schon zu Jahresbeginn 80 Prozent des Jahresumsatzes absichert;
- feedbackgesteuerte Programmoptimierung unter Zuhilfenahme von hauseigener Marktforschung etabliert;
- die Internationalisierung des Kreativgeschäfts frühzeitig und konsequent angeht;
- als erster Produzent überhaupt Kunden und Partner systematisch nach ihrer Zufriedenheit befragt und der
- ein gewinnorientiertes Unternehmen mit relevanten, wirkungsmächtigen, gemeinschaftsstiftenden Programmen zur kulturellen Institution entwickelt.

Mich persönlich interessieren Autobiografien herzlich wenig. Bitte erwarten Sie daher auch keine von mir! Gern folge ich hingegen der Anregung, meine Erfahrungen aus drei Dekaden Creative Leadership zu vertiefen, um damit hoffentlich ein paar Denkanstöße für gegenwärtige wie künftige Führungskräfte der

Kultur- und Kreativwirtschaft zu liefern. Vielleicht taugen meine Einsichten auch als Ermutigung für Absolventen kultur- und geisteswissenschaftlicher Studienfächer, sich unternehmerische Führung zuzutrauen. Nur so kann das Potenzial geistiger Diversität für unsere Kreativindustrie gehoben werden.

1. FREIHEIT
ODER: WIE WIRD AUS DEM BEDÜRFNIS NACH AUTONOMIE EINE UNTERNEHMERISCHE LEITLINIE?

Man soll nicht von sich auf andere schließen, heißt es bekanntlich. Ich muss gestehen, dass ich diesen Ratschlag schon früh missachtet habe. Das war, glaube ich, eine der besten Entscheidungen meines beruflichen Lebens.

Mein großer Traum als Jugendlicher war es, Architekt oder Städteplaner zu werden. Mit dem Blick von heute kann man wohl sagen, dass schon früh eine gewisse Gestaltungslust in mir steckte, auch wenn diese sich später auf ganz andere Weise Bahn brechen sollte. Was mich reizte, waren zutiefst menschliche Fragen, die eng mit der Planung von urbanem Leben verknüpft sind: Wie organisiert sich eine Gesellschaft und wie entsteht ihre Öffentlichkeit? Wie wollen ihre Mitglieder miteinander kommunizieren und zueinander finden? Auf welchen Flächen können sie ihre gesellschaftliche Diskussion austragen? Meine philosophische Neigung konnte nicht darüber hinwegtäuschen, dass ich kein Musterschüler war. Und so wurde es mit meinem ziemlich schlechten Abitur nicht gerade leicht, einen Studienplatz zu ergattern. Ich musste zwei Jahre warten. Also studierte ich erst einmal Kunstgeschichte, Philosophie und Zeitungswissenschaft in München. Quasi als Überbrückung, sagte ich mir. Eine Zulassung zum erträumten Architekturstudium erhielt ich schließlich in Berlin. Sonst hätte es für mich keinen Grund gegeben, dorthin zu gehen. Wie das manchmal so mit Träumen ist, platzte meiner nach vier Semestern und einer Zwischenprüfung. Kurse wie »Computergestützte Optimierung der Nasszellenplanung im Sozialen Wohnungsbau« ließen meine Faszination erkalten. Mein vermeintlicher Lebenstraum, durch Architektur gesellschaftliche Ordnung herzustellen, war in der trüben Realität angekommen. Stattdessen hatten die Semester in München mein Interesse an journalistischer Arbeit geweckt. Mein gedanklicher Schwerpunkt an der Freien Universität Berlin verschob sich mehr und mehr auf das parallel angefangene Publizistikstudium bei Harry Pross, dem großen Publizistikwissenschaftler, dessen Sicht auf die Verantwortung des Journalismus stark von seinen Erfahrungen mit der antikommunistischen McCarthy-Hetze in den USA geprägt war.

Pross hatte Laborseminare eingerichtet, die mich besonders begeisterten: Spitzenleute aus der publizistischen Praxis kamen zu Besuch an die Uni und vermittelten uns Studenten, wie konkrete Medienprodukte gemacht wurden. Oft genug durften wir uns selbst an den authentischen Herausforderungen einer Zeitungs- oder Fernsehredaktion versuchen. Einer dieser Gastdozenten war Hanns Werner Schwarze, der damals das Berliner ZDF-Studio leitete, außerdem Redaktionsleiter und Moderator des politischen Magazins *Kennzeichen D* war und als mächtiger TV-Mann galt. Er nahm sich die Zeit, mit uns eine komplette Ausgabe seines Formats zu gestalten. Wir planten Themen, recherchierten Fakten, drehten Beiträge und schrieben Kommentartexte. Als einzige Magazinsendung im deutschen Fernsehen griff *Kennzeichen D* in den 1970er-Jahren regelmäßig Themen beider deutscher Staaten auf, um so Verständnis beim Zuschauer für das Leben im jeweils anderen Deutschland zu wecken. Natürlich bekamen die ZDF-Zuschauer unsere Übungssendung nicht zu sehen.

Hanns Werner Schwarze aber sollte für mich zum ersten Wegbereiter meiner Fernsehlaufbahn werden. Gegen Ende des Studiums machte ich die frustrierende Erfahrung, keinerlei Aussicht auf einen Job zu haben. Meine Magisterarbeit hatte ich über *Fernsehkritik im Fernsehen* geschrieben, eine umfassende politisch-soziologische Studie zu der Frage, wie das Medium mit sich selbst umgeht und wie es seinem öffentlich-rechtlichen Anspruch besser genügen könnte. Ich schrieb mehr als 50 Bewerbungen an die verschiedensten Medienunternehmen. Ich wartete und wartete, doch vergeblich – es kam nicht eine einzige Antwort. Es gab nichts, was mich in Berlin hielt. Also kündigte ich meine Wohnung und zog zurück in meine Heimat Stuttgart. Da rief eines Tages völlig unerwartet Schwarze an. »Herr Bauer, warum bewerben Sie sich denn gar nicht bei mir?«, begann er das Gespräch. Ich versuchte ihm zu erklären, dass ich den Eindruck vermeiden wollte, die Beziehung zu einem meiner ehemaligen Seminarleiter auszunutzen. »Jetzt haben Sie sich mal nicht so«, berlinerte er los. »Sie würden gut bei uns reinpassen. Kommen Sie mal vorbei!« So fuhr ich wieder nach Berlin. Und blieb.

Als Reporter bei *Kennzeichen D*

Kennzeichen D hatte eine komplizierte, teils verdeckte Hierarchie. Mir war nicht auf Anhieb klar, wer Reporterbeiträge drehen durfte und wer nicht. Es gab etliche Redakteure, die mit Recherchen und sonstigen Drehvorbereitungen beschäftigt waren. Vor der Kamera waren nur die großen Namen wie Joachim Jauer, Dirk Sager oder Harald Jung zu sehen. Zu meiner Verwunderung bekam ich nach 14 Tagen meine erste Chance. Ich sollte über ein Neonazi-Treffen nahe der Wewelsburg bei Paderborn, Himmlers einstiger SS-Weihestätte, berichten. Andere Kollegen arbeiteten seit mehreren Jahren für die Redaktion und hatten noch keinen eigenen Beitrag gedreht. Aus heutiger Sicht gibt es nur ein ehrliches Urteil: Ich hatte damals keine Ahnung, was ich tat. ›Learning by doing‹ wurde für mich zum wortwörtlichen Arbeitsprozess. Ich versuchte genau hinzuschauen, wie die erfahrenen Reporter vorgingen, und nahm vor allem im Schneideraum dankbar jede Hilfe an. Recht bald machte Schwarze mich zur Trailer-Stimme von *Kennzeichen D*. Ich durfte im Intro der Sendung die Themen ankündigen, was mir als freiem Mitarbeiter ein paar zusätzliche Einnahmen bescherte.

So froh ich über meinen Job bei *Kennzeichen D* war, so wenig hätte ich mir eine Festanstellung beim ZDF vorstellen können. Hierarchien jeglicher Art erschienen mir als Gräuel. Schon während meiner Schulzeit – damals waren Kopfnoten im Zeugnis noch eine Selbstverständlichkeit – hatten mir die Lehrer ein handfestes Problem mit Autoritäten bescheinigt. Das äußerte sich etwa darin, dass ich als 17-Jähriger zusammen mit meinem Bruder eine der ersten Schülermitbestimmungen Deutschlands initiierte. Die Lehrer betrachteten mich als Störfaktor, mein Bruder wurde gar von der Schule verwiesen. Auch zehn Jahre später passte es nicht in meine Vorstellungswelt, mich voll und ganz in ein hierarchisches System einzugliedern. Eines Tages wollte Schwarze wissen, ob ich Ahnung von Autos hätte. Obwohl ich verneinte, bot er mir eine Redakteursstelle für ein neues Auto- und Verkehrsmagazin an, das von einer freien Produktionsfirma zugeliefert und seitens des ZDF von einem Redakteur – von mir – betreut werden sollte. Als ich die Zusicherung erhielt, auch diese Aufgabe freiberuflich erledigen zu können, sagte ich zu. So kam es zur Zusammenarbeit mit Hanns Joachim Friedrichs und Harry Valérien. Sie moderierten *Telemotor* und fanden genau wie ich, dass ein kritisches Magazin zu Mobilitäts- und Umweltthemen dem ZDF besser zu Gesicht stünde als eine bloße Aneinanderreihung von Fahrtests der neuesten Pkw-Modelle.

Obwohl ich den Abläufen und Deadlines von zwei regelmäßigen Sendungen gerecht werden musste, fühlte ich mich frei. So hätte es ewig für mich weitergehen können, wenn sich nicht bald mein Drang gemeldet hätte, neben journalistischen auch unterhaltende Inhalte zu entwickeln und damit eine andere Seite des Fernsehhandwerks zu erkunden. Getrieben wurde dieser Drang vor allem von der US-Miniserie *Holocaust* und meiner Erkenntnis, welch große Wirkungsmacht emotionales Erzählen entfalten kann. Darauf werde ich im nächsten Kapitel noch näher eingehen. Mein Türöffner für diese neue Richtung wurde Gerd Bauer, langjähriger Leiter der ›Hauptredaktion Unterhaltung Wort‹ im ZDF und Vater von Serien wie *Schwarzwaldklinik*, *Traumschiff* oder *Das Erbe der Guldenburgs*. Als freier Autor schlug ich ihm eine Show-Idee vor, die verschiedenste Genreelemente enthielt, eine Art Themenshow zur Kulturgeschichte des Küssens in Entertainment-Form. Bauer war angetan und wollte mich gleich als Unterhaltungsredakteur auf den Mainzer Lerchenberg holen. Abermals schlug mein Freiheitsdrang durch und ließ mich das attraktive Angebot dankend ablehnen. In jeder anderen Konstellation, versicherte ich ihm, würde ich liebend gern mit ihm und dem ZDF zusammenarbeiten. »Die UFA Berlin sucht jemanden wie dich«, empfahl er mir einige Wochen später.

Die Legende UFA

Die UFA – damit assoziierte ich Fritz Lang und Ernst Lubitsch, Marlene Dietrich und Pola Negri, große deutsche Filmkunst von Weltgeltung und den Niedergang unter dem Diktat der Nazi-Propaganda. Doch auch mit der neuen UFA hatte ich schon persönlichen Kontakt gehabt, als ich kurz zuvor für *Kennzeichen D* über die Verfilmung des Romans *Der Boxer* von Jurek Becker berichtet hatte. Damals setzte ich mich zum ersten Mal – und seither immer wieder – intensiv mit der Geschichte der Marke UFA auseinander. Ich erkannte schnell, dass die Nachkriegs-UFA, die ich vor mir sah, also das 1964 von Bertelsmann-Gründer Reinhard Mohn übernommene kleine Produktionshaus, ein völlig eigenständiges Kapitel in der Firmengeschichte darstellte. Zur historischen UFA gab es nur einen wesentlichen Bezug: Man fühlte sich der künstlerischen Tradition bahnbrechender Filmemacher aus der Zeit zwischen 1917 und 1933 verpflichtet. Zugleich markierte die unrühmliche Zeit des Nationalsozialismus – als scheinbar simple Liebesschnulzen gezielt mit politischen Botschaften à la »individuelles Glück muss hinter den Idealen des Vaterlands zurückstehen« aufgeladen wurden – eine ewige Erinnerung an die Macht des bewegten Bildes und die Verpflichtung, damit verantwortungsvoll umzugehen.

Ich suchte also den damaligen UFA-Chef Werner Mietzner zum Vorstellungsgespräch auf. Im privaten Rahmen hatte ich ihn einige Male getroffen, weil seine deutlich jüngere Ehefrau mit mir zusammen an der FU studiert hatte. Ich hatte ihn als ebenso belesenen wie interessierten Gesprächspartner erlebt, und auch bei unserer ersten beruflichen Begegnung waren wir auf einer Wellenlänge. Er schaute sich etliche Kandidaten für den Producer-Job an und gab mir schließlich den Zuschlag. Obwohl ich es ihm mit zwei – aus heutiger Sicht fast schon dreisten – Bedingungen nicht leicht machte: Ich wollte weiter freiberuflich arbeiten. Und ich wollte nichts mit Korruption zu tun haben. Mir war nämlich zu Ohren gekommen, dass Produktionsfirmen zur Auftragsgewinnung mitunter andere Mittel als nur Überzeugungskraft einsetzten. »Darüber muss ich nachdenken«, entgegnete mir ein spürbar verunsicherter Mietzner. Er brauchte eine Woche Bedenkzeit, um meine damals offensichtlich ungewöhnlichen Vorbehalte zu akzeptieren. Wiederum ein halbes Jahr später sah ich ein, dass ich mich entscheiden musste. *Kennzeichen D* und UFA ließen sich zeitlich nicht mehr miteinander vereinbaren. Ich entschied mich voll und ganz für die UFA – und zum ersten Mal in meinem Leben für eine Festanstellung. Hätte ich damals geahnt, dass mein Vertrag mit diesem Unternehmen die nächsten 38 Jahre laufen würde, wäre ich wohl schreiend geflüchtet. Hanns Werner Schwarze jedenfalls verabschiedete mich in meiner letzten *Kennzeichen* D-Redaktionskonferenz vor versammelter Mannschaft mit den Worten: »Leider hat sich ein hoffnungsvoller politischer Journalist entschlossen, zum Zirkus zu gehen.«

An meiner Entscheidung, einen Arbeitsvertrag bei der damaligen UFA-Fernsehproduktion zu unterschreiben, hatte auch die Unternehmensverfassung des Mutterkonzerns Bertelsmann ihren Anteil. Diese hatte ich aufmerksam studiert und sie gefiel mir auf Anhieb. Besonders verlockend fand ich das Angebot, schon in jungen Jahren ein gehöriges Maß an Eigenverantwortung und einen Vertrauensvorschuss zu bekommen. Mich beeindruckte, welche Souveränität und welches Selbstbewusstsein ein Unternehmen haben musste, das sich eine solche Leitlinie auf die Fahnen schrieb. Ebenso wichtig fand ich den erklärten zentralen Stellenwert von Kreativität und den Respekt vor kreativ tätigen Individuen sowie die bewusste Anerkennung der gesellschaftlichen Verantwortung. Wenn ich schon irgendwo festangestellt sein wollte, dann in so einem Laden.

Problem mit Autoritäten

Rückblickend muss ich gestehen: Jawohl, ich hatte ein gehöriges Autoritätsproblem. Meine Lehrer merkten das nicht zu Unrecht an. Und wenn ich ganz ehrlich bin, habe ich es auch nie ganz überwunden. Bis zum heutigen Tag nicht. Dabei geht es um weit mehr als nur die Formfrage eines festen Anstellungsverhältnisses. Ich möchte gern verstehen und nachvollziehen können, wie es zu einer bestimmten Entscheidung oder Strategie kommt, bevor ich sie umsetze. Kann ich das nicht, werde ich in der Umsetzung nicht überzeugend sein. Das war als freier Politikjournalist schon so und als CEO eines 300-Millionen-Euro-Unternehmens nicht viel anders. Es mag vielleicht überraschend klingen, dass ich das für eine meiner größten Stärken halte. Da ich von mir selbst wusste, wie ungern ich mir sagen ließ, was ich zu tun und zu lassen hatte, verstand ich intuitiv, wie man mit anderen Exemplaren meines Typs umgehen musste. Die meisten komplexeren Persönlichkeiten in der Kreativlandschaft wollen sich nichts sagen lassen. Was sie dringend brauchen, um gut zu sein, ist ein hohes Maß an Autonomie. Man verständigt sich über das Ziel, aber dann tragen sie einen großen Teil der Verantwortung selbst. Sie werden nicht kleinteilig gesteuert oder sonst wie kujoniert. Unter dieser Voraussetzung gehen sie mit einem ganz besonderen ›Glühfaktor‹ ans Werk, den ich im Laufe der Jahre immer wieder an Top-Kreativen beobachten durfte. Es ist ein inneres Strahlen, das sich aus dem Brennen für eine Idee speist und von den optimalen Rahmenbedingungen angefacht wird. Ohne die nötige Freiheit wird es früher oder später erlöschen wie eine Kerze ohne Sauerstoff.

Aus meinen ureigenen Gefühlen gewann ich letztlich die Einsicht, wie eine funktionierende Organisationsform für ein kreatives Unternehmen im Kern auszusehen hatte: Ich wollte eine Plattform bauen, auf der die kreativen Talente, die möglicherweise ähnlich fühlten wie ich, mit einem Maximum an Freiraum agieren konnten. Und ich wollte ihnen dabei sämtliche Widerstände aus dem Weg räumen. Ich hatte vorher keinen Management-Ratgeber gelesen, sondern nur von mir selbst auf andere geschlossen. Ein wesentlicher Anhaltspunkt, dass ich damit falsch gelegen hätte, ist mir in 27 Jahren als Geschäftsführer nicht begegnet. Meiner Erfahrung nach sind es – in absteigender Rangfolge – immer wieder dieselben Faktoren, die uns Kreative antreiben: Wir wollen gesehen werden. Damit meine ich, dass unsere Leistung, unser Talent, unsere besondere Begabung von anderen erkannt und anerkannt, im Idealfall weiter gefördert wird. Wir wollen als Konsequenz daraus Verantwortung übertragen bekommen, die es uns ermöglicht, im doppelten Sinne des Wortes verantwortungsvoll zu handeln. Wir wollen lernen, wir wollen besser werden und unseren Horizont erweitern, was nicht nur durch klassische Weiterbildung, sondern vor allem auch durch Vernetzung mit anderen interessanten Köpfen geschieht. Es gibt nichts, was ein Top-Talent so stark anzieht wie ein anderes Top-Talent. Mit diesem Credo im Hinterkopf habe ich die Plattform UFA gestaltet, solange ich für sie verantwortlich war. Es erscheint mir auch heute noch verblüffend einfach: Ich habe nur meinen persönlichen Bedürfnissen zugehört und sie auf andere übertragen.

2. VERANTWORTUNG
ODER: WORAN SPÜRT MAN DIE
WIRKUNGSMACHT DER BEWEGTEN BILDER?

Unter Fernsehmachern haben sich manche eilig dahingesagten Sprüche eingebürgert, die ich aus tiefstem Herzen verabscheue. Ganz oben auf meiner persönlichen Schwarzliste: »Das versendet sich.« Dicht gefolgt von »Wir machen doch nur Fernsehen und keine Herz-OP.« Während der erste Satz aus meiner Sicht einen sträflichen Mangel an Respekt vor dem Publikum offenbart, redet der zweite die Verantwortung für das eigene Tun unangemessen klein. Nein, es geht in unserem Geschäft nicht um Leben und Tod. Und mir liegt auch nichts an einem müßigen Abwägen der Verantwortung zwischen unterschiedlichen Berufsgruppen. Man sollte sich möglichst nie zu ernst nehmen. Aber: Ich treffe immer noch zu viele Branchenkollegen, die ihre Verantwortung gnadenlos unterschätzen oder aus Bequemlichkeit ignorieren.

Eines der Laborseminare, das mich im Publizistikstudium an der FU Berlin am nachhaltigsten beeindruckte, bezog sich auf die Sendung *betrifft: fernsehen*. Das war ein medienkritisches Magazin- und Dokumentationsformat, das von 1974 an zehn Jahre lang im ZDF lief. Sein Ziel war es nicht, Nabelschau zu betreiben, sondern die Medienkompetenz der Zuschauer zu stärken, oftmals mit kontroversen Themen. Helmut Greulich, der Redaktionsleiter, wagte mit uns ein Experiment, aus dem ein viel diskutierter Beitrag für seine Sendung wurde: »Vier Wochen ohne Fernsehen«. Wir bauten eine Versuchsanordnung auf, die zwei Berliner Arbeiterfamilien dabei beobachtete, wie sie für einen Monat komplett aufs Fernsehen verzichteten. Von der Kamera begleitet, ließen wir die TV-Geräte aus ihren Wohnzimmern abtransportieren und installierten dort jeweils eine Handvoll feste Videokameras. Um keinen Einfluss durch unsere Anwesenheit zu nehmen, kamen wir nur dann vorbei, wenn Videobänder und Batterien in den Kameras ausgetauscht werden mussten. Mit unserem frühen Vorgriff auf *Big Brother* mochten wir inhaltlich modern sein, an digitale Aufzeichnungstechnik war freilich noch nicht zu denken. Unser Experiment zeigte am Ende eindrucksvoll, welche ausgleichende Wirkungsmacht das Medium Fernsehen hatte. Es wirkte wie ein Katalysator, der die im Alltag erlittenen Frustrationen und die Zwistigkeiten innerhalb der Familien eindämmte. Ohne ihren Fernseher und die verbindende Kraft gemeinsamer Seherlebnisse kamen die Familienmitglieder nicht mehr miteinander aus. Eines der beiden Ehepaare wollte sich nach den vier Wochen sogar trennen. Es war schockierend, die enorme emotionale Bindekraft des Fernsehens in ihrer Negativwirkung vorgeführt zu bekommen. Ich verstand mit einem Mal die Wirkungsmacht und die daraus resultierende Verantwortung, die Fernsehmacher zweifellos eingingen. Dieser Gedanke sollte mich nie wieder loslassen, auch wenn ich zu diesem Zeitpunkt noch nicht wusste, wohin genau mein Weg mich führen würde.

Dass mir die journalistische Arbeit für *Kennzeichen D* und *Telemotor* irgendwann nicht mehr ausreichte, hatte ebenfalls mit dieser Wirkungsmacht des Fernsehens zu tun. Erst war es nur ein unbestimmtes Gefühl, dass ich meine wahre Berufung noch nicht gefunden hatte. Dann kam der entscheidende Impuls ausgerechnet am Zuschauertelefon, das ich im Anschluss an die

Kennzeichen D-Sendungen regelmäßig betreute. Dort riefen Menschen an, die manchmal Nachfragen zu den behandelten Themen hatten, viel öfter jedoch einfach nur ihrem Ärger Luft machen oder ihre Zustimmung kundtun wollten. Die wesentlichen Reaktionsmuster aus Tausenden Telefonaten ließen sich auf zwei Archetypen herunterbrechen. Entweder: Ja, sehe ich genauso, danke für die Argumentationshilfe! Oder: So ein Unsinn, das stimmt doch gar nicht! In den Sendungen adressierten wir mit gut recherchierten Informationen ausschließlich den Verstand der Zuschauer. Ich begriff nach und nach, dass wir damit längst nicht so effektiv waren, wie wir uns das ausgemalt hatten. Die Medienwirkungsforschung hat oft genug nachgewiesen: Wenn neue Erkenntnisse nicht offen aufgenommen, sondern nur auf Basis bereits bestehender Wertbilder eingeordnet werden, dann kann keine Einsichtsveränderung entstehen – eine Art automatische Gehirnblockade zwecks Dissonanzvermeidung.

Fasziniert vom US-Vierteiler *Holocaust*

Von wegen ›Zirkus‹. All jene Journalisten, die sich als elitäre Kaste innerhalb des Fernsehsystems fühlten und auf die Unterhalter herabsahen, hatten sich also geirrt. Wie zur ultimativen Bestätigung dieser These fand Anfang 1979 der in jeglicher Hinsicht außergewöhnliche US-Vierteiler *Holocaust* seinen Weg ins deutsche Fernsehen. Marvin J. Chomsky erzählte darin die fiktive Geschichte der jüdischen Familie Weiss, die einem Millionenpublikum erstmals auf emotionale Weise die Schrecken der nationalsozialistischen Vernichtungsherrschaft nahe brachte und eine nachhaltige Zäsur der deutschen Erinnerungskultur bewirkte. Bei ihrer Ausstrahlung in den Dritten Programmen der ARD erhitzte die Serie die Gemüter wie keine andere. Die Sender erhielten Drohbriefe, auf zwei Sendeanlagen wurden gar Bombenanschläge verübt. Doch mit Einschaltquoten von bis zu

39 Prozent wurde *Holocaust* zum Riesenerfolg, löste intensive Debatten aus und brachte die Schrecken von Auschwitz ins kollektive Gedächtnis der Deutschen. Viele von ihnen begriffen erst jetzt so richtig, welche historische Schuld ihr Land zwischen 1933 und 1945 auf sich geladen hatte, obwohl sie zuvor sicher schon in Geschichtsbüchern darüber gelesen und zahlreiche Dokumentationen darüber gesehen hatten. Chomsky wollte nach eigenem Bekunden zeigen, was »mit den Menschen passiert ist: Normale Menschen tun anderen normalen Menschen schreckliche Dinge an«. Ihm ist das auf meisterliche Weise gelungen, qualitativ wie quantitativ. Die Kraft von *Holocaust* wirkte unmittelbar auf das Herz und auf den Bauch des Zuschauers. Nicht so sehr auf den Verstand, jedenfalls nicht direkt.

Diese Wirkweise war damals höchst umstritten. Ein Drama, das »dem Seifenopernrezept gefährlich nahekommt«, urteilte die *Frankfurter Allgemeine Zeitung* im April 1978 nach der Erstausstrahlung bei NBC. Der berühmte Schriftsteller und Holocaust-Überlebende Elie Wiesel zeigte sich gegenüber der *New York Times* »schockiert von der Verwandlung eines ontologischen Ereignisses in eine Seifenoper«. Der Tenor der öffentlichen Wahrnehmung drehte sich im darauffolgenden Jahr. Nach der Ausstrahlung in Deutschland wertete der damalige *FAZ*-Herausgeber Joachim Fest *Holocaust* im Januar 1979 als »bedeutendes Fernsehereignis«. Das von Historikern und Publizisten beklagte Desinteresse der Öffentlichkeit an der Vergangenheit habe sich hier entpuppt als das, was es in Wirklichkeit sei: »das Desinteresse von Historikern und Publizisten an der Öffentlichkeit«.

An dieser herausragenden Miniserie ließ sich exemplarisch ablesen, was das Medium Fernsehen mit seinen Inhalten vermochte, welchen Stellenwert es hatte und – trotz aller mit der Digitalisierung einhergehenden Veränderungen – bis heute hat. »Viele unserer wachen Stunden und häufig auch unsere Träume sind mit diesen Geschichten angefüllt«, urteilte der ungarisch-ameri-

kanische Kommunikationswissenschaftler George Gerbner, der
als Begründer der Kultivierungshypothese gilt. Er analysierte in
den 1970er-Jahren die Rolle des Fernsehens für die Vermittlung
des Weltbilds der Rezipienten und kam zu dem Ergebnis, dass
man von einer starken Sozialisationsinstanz ausgehen müsse.
Je mehr Fernsehen ein Mensch konsumiert, so die These, desto
stärker wird er auch durch das Fernsehen kultiviert und sieht die
Welt so wie vom Fernsehen vermittelt. Das Fernsehen, schrieb
Gerbner, sei »die Quelle der auf breitester Ebene allen Menschen
gemeinsamen Bilder und Botschaften in der Geschichte«. Es ver-
mittle, »vielleicht zum ersten Mal seit der vorindustriellen Religion, ein tägliches Ritual, das die Eliten mit vielen anderen Pub-
lika teilen. Das Herz der Analogie von Fernsehen und Religion,
bezogen auf die Ähnlichkeit ihrer sozialen Funktionen, liegt in
der kontinuierlichen Wiederholung von Mustern (Mythen, Ideo-
logien, ›Fakten‹, Beziehungen etc.), die dazu dienen, die Welt zu
definieren und die soziale Ordnung zu legitimieren.«

Fernsehen als Sinnstiftung

Natürlich geht Gerbners Gleichsetzung des Fernsehens mit der
Religion sehr weit und ist aus heutiger Sicht vielleicht auch gar
nicht mehr so zielführend. Die Kernthese jedoch erscheint mir
immer noch stimmig und ebenso auf moderne Formen von digi-
talem Bewegtbild erweiterbar: Die Geschichten, die wir unserem
Publikum erzählen, tragen ihren Teil zur Sinnstiftung, zur Ritu-
alisierung und zur Weltsicht bei. Im Positiven wie im Negativen.
Das heißt nicht, dass *eine* Aussage aus *einer* Serienepisode eins zu
eins übernommen wird. Aber sehr wohl, dass der jahrelange Kon-
sum von zwei oder drei Lieblingsserien durchaus zu einer Beein-
flussung des Bewusstseins durch Aneignung und Abgrenzung
führen kann. Fällt der gewohnte Input weg wie bei unserem
»Vier Wochen ohne Fernsehen«-Experiment, entsteht eine Art

soziale Unordnung. Als heutiges Äquivalent möge man vier Wochen Netflix-, YouTube- oder Facebook-Entzug einsetzen. Wie könnte man angesichts dieses Befunds unsere Verantwortung für die von uns verbreiteten Bilder und Geschichten negieren?

Ich habe mich nie davor gedrückt. Nach der prägenden Erfahrung von *Holocaust* dauerte es nicht mehr lange und ich war mir sicher, dass ich dorthin wollte, wo in meinen Augen die wahre Wirkungsmacht lag – in die fiktionale Unterhaltung, und zwar bevorzugt in deren breitenwirksamen Teil. Am ausgeprägtesten habe ich die damit verbundene Verantwortung gespürt, als ich viele Jahre später zum Daily-Soap-Produzenten wurde. Mit täglichen Formaten wie *Gute Zeiten, schlechte Zeiten*, *Unter uns*, *Alles was zählt* oder *Verbotene Liebe* standen wir quasi im Auge des Orkans. Denn gerade solche Programme für die jüngeren Zielgruppen mit einer hohen Bindungskraft erfüllen der Medienforschung zufolge ein Stück Lebenshilfe für Jugendliche und junge Erwachsene: Das Studieren von Rollenbildern und Verhaltensweisen auf dem Bildschirm dient der Orientierung oder Abgrenzung. Soaps machen der jeweiligen Zielgruppe das Angebot, grundlegenden Fragen des Lebens nachzugehen. Ihre zumeist jungen Charaktere meistern Probleme, mit denen sich das Publikum identifizieren kann. Die Faszination, die GZSZ & Co. auf die Zuschauer ausüben, hat ganz wesentlich mit der Authentizität der Figuren und der dargestellten Konflikte zu tun. Ihre Glaubwürdigkeit beziehen die Programme aus der Abbildung der Lebenswelten der Zuschauer. Die Tatsache, dass wir anfangs noch teilweise Laiendarsteller einsetzten, hat hierbei nicht gestört, sondern den Effekt eher noch gefördert. Auch für die märchenhafteren Formate – die Telenovelas, die die UFA ab 2004 erfolgreich im deutschen Fernsehen etablierte – gilt ein ähnlicher Mechanismus. Am Beispiel unserer Sat.1-Serie *Verliebt in Berlin* ließen wir das Rheingold-Institut in einer tiefenpsychologischen Studie die Magie der Hauptfigur Lisa Plenske erforschen, die sich über 364 Folgen vom hässlichen Entlein zum schönen Schwan entwickelte. Das Ergebnis: Die überwiegend weiblichen Zuschauerinnen projizierten sich stellvertretend in die Figur hinein, um den Vorgang der Veränderung, des Wandels, des Sich-selbst-Gestaltens bewusst zu erleben.

Viele junge Menschen – das bekam ich immer widergespiegelt – betrachten also das Unterhaltungsfernsehen wie eine Art topografische Landkarte des Lebens und nutzen es als Probebühne für ihr eigenes Verhalten. Mit allen Höhen und Tiefen, mit Enttäuschungen und Erfolgen, mit Liebe und Leid. Diese Landkarte soll Orientierung und Navigation ermöglichen. Ich bin davon überzeugt, dass die Bedeutung der Medien, allen voran TV und Internet, als Agent der Sozialisation von Kindern und Jugendlichen über die vergangenen Jahrzehnte erheblich zugenommen hat. Und zwar in dem Maße, in dem die gesellschaftlich akzeptierten Institutionen wie Familie, Kirchen, Parteien oder Gewerkschaften ihre vormalige Funktion als gesellschaftliche Anker einbüßen. Indem Eltern, Lehrer, Pfarrer und Politiker an Autorität verlieren, suchen sich Heranwachsende logischerweise neue Vorbilder und Maßstäbe. Da kommen wir mit unseren täglichen Serien oder auch den Casting-Shows ins Spiel. Über Grenzen und Grenzüberschreitungen haben wir innerhalb von UFA und Fremantle regelmäßig diskutiert. Daraus resultierte der Anspruch »Inspiring Entertainment«, der der UFA bis heute als Claim dient. Gemeint ist damit das Ziel, unseren Zuschauern etwas zu bieten, was sie inspiriert und bewegt. Programme, die in sich werthaltig sind und Sinn stiften. Mehr als einmal musste ich mich fragen lassen, wie denn etwa Dieter Bohlen mit diesem Anspruch zusammenpasse. Ausgerechnet Bohlen als moralische Anstalt der Nation? Als Vorbild für junge Zuschauer im Umgang mit Mitmenschen? So verständlich ich diesen Reflex fand, so sehr ist er doch Ausdruck von eindimensionalem Denken an der Realität vorbei. In Wahrheit ist die überwiegende Mehrheit der Heranwachsenden viel differenzierter in ihrer Wahrnehmung, als mancher Erwachsene glaubt. Verschiedene Studien zeigten uns im Laufe der Jahre, dass es mindestens drei Arten gibt, auf Casting-Shows wie *Deutschland sucht den Superstar* oder *Das Supertalent* zu reagieren: Es gibt Jugendliche, die Bohlens Sprüche am nächsten Tag in der Schule unreflektiert wiederholen und sie sich zu eigen machen. Es gibt Jugendliche, die seine Sprüche als Unterhaltungselement cool finden, Bohlen aber niemals als Maßstab eigenen Handelns anerkennen würden. Und schließlich gibt es auch eine Gruppe von Jugendlichen, die nicht einverstanden ist mit der Art und Weise, wie mit einzelnen Kandidaten umgegangen wird. Ehrlich gesagt, hatte ich manches Mal den Eindruck, dass Dieter Bohlen selbst nicht immer wusste, mit welcher seiner Bemerkungen er den Rubikon des Vertretbaren überschritt. Die Zuschauer wussten es dagegen schon. Abgesehen davon, dass Bohlen – auch auf unser Zuraten hin – längst milder geworden ist, funktioniert seine Figur also durchaus als eine Art Anti-Held, an dem sich junge Menschen abarbeiten und einen eigenen Weg im Umgang miteinander finden können. Auch eine Funktion von Unterhaltungsfernsehen.

Serien bieten Orientierung im Alltag

Was unsere Daily-Drama-Serien betrifft, die auf dem Höhepunkt ihres Erfolgs zusammengenommen täglich zwölf Millionen Zuschauer, die doppelte Reichweite der *Bild*-Zeitung, erreichten, so hat jede von ihnen über die Jahre einen umfangreichen Wertekatalog entwickelt, der soziale Grundsätze und Leitgedanken festhält. Diese Werte sind bei der Entwicklung neuer Geschichten stets präsent und fließen in die Erzählstränge mit ein. »Crime doesn't pay off«, lautet einer der Grundsätze: Kriminalität darf sich in den Soaps nicht auszahlen. Kriminelle Machenschaften werden früher oder später bestraft. Selbst wenn der Arm des Gesetzes einmal nicht ausreicht und der Täter zunächst davonzukommen scheint, wird er früher oder später zumindest durch sein Umfeld zur Rechenschaft gezogen. Familienzusammenhalt und Toleranz sind weitere wichtige Werte. Die Familie – es mag jegliche regenbogenbunte Patchwork-Familie sein – ist für die Hauptfiguren der Serien eine Konstante im Leben. Auch wenn es innerhalb der Familie kracht, kann man sich darauf verlassen, dass die Familie in existenziellen Krisen füreinander da ist. GZSZ & Co. wollen die Familie als Ort des Geborgenseins vermitteln. Selbstverständlich spielen auch Ängste vor dem Anderssein und die sexuelle Identitätsfindung eine zentrale Rolle in den Storylines wie im Leben vieler Heranwachsender. Wann immer die Serien beispielsweise gleichgeschlechtliche Liebesgeschichten erzählen und dabei auch die Angst vor Anfeindungen sowie die mühsame Überwindung von Vorurteilen thematisieren, ist ihnen ein gewaltiges positives Feedback gewiss. Aus Online-Foren und sozialen Netzwerken wissen wir, dass solche Handlungsstränge nicht wenigen Zuschauern als Diskussionsgrundlage und Anleitung dafür dienen, ihre eigene sexuelle Orientierung zu offenbaren.

Es wäre verlogen, an dieser Stelle nur Positivbeispiele anzuführen. Bei allem Bewusstsein und bei allem Bemühen sind sicher nicht hundert Prozent aller UFA-Produktionen in den 27 Jahren meiner Geschäftsführung dem Ziel der Inspiration und der gesellschaftlichen Verantwortung vollumfänglich gerecht geworden. So wie von Axel Springer das Zitat überliefert ist, er habe »wie ein Hund« unter manchem gelitten, was zu seinen Lebzeiten in der *Bild*-Zeitung stand, so habe auch ich gelegentlich – zum Glück sehr selten mit Konsequenzen für die Programme – unter ein paar Extremen unseres Outputs gelitten. Vor allem dann, wenn die Darstellung einzelner Protagonisten in den Casting-Shows oder in einem Format wie *Schwer verliebt*, einer Dating-Doku-Soap für übergewichtige Menschen, meine persönliche Geschmacksgrenze überschritt. Aber natürlich gibt es in moralischen Fragen meist kein Schwarzweiß, sondern viele Grautöne und noch mehr unterschiedliche Auffassungen: Was ist noch zulässig, was nicht mehr? Wo erfolgt ein Tabubruch, der eine gewollte gesellschaftliche Debatte auslöst? Und wo einer, der nur Menschen oder Minderheiten bloßstellt? Wir haben das, wie schon erwähnt, regelmäßig intern diskutiert, besonders intensiv aber auch immer mit den jeweiligen Redaktionen in den Sendern. Denn Fernsehen darf ethische und moralische Wertvorstellungen nicht ignorieren. Einen eindeutigen Konsens über Trennlinien gibt es allerdings in der Gesellschaft nicht. Daher sollte man als Fernsehmacher mit Sorgfalt planen und auf Bedenken reagieren, wenn es darum geht, Grenzen zu verschieben und Diskurse anzustoßen.

In einem Fall jedoch haben wir komplett danebengegriffen. Das muss man mit Abstand so klar und schonungslos feststellen. Im Jahr 2004 produzierten wir für ProSieben *The Swan – endlich schön*, eine Reality-Show, in der 16 Frauen, die mit ihrem Aussehen unzufrieden waren, durch Schönheitsoperationen, Fitnesscoaching und Persönlichkeitsberatung verwandelt wurden. Unsere amerikanische Schwestergesellschaft hatte dieses Format entwickelt und mit großem Erfolg auf Sendung gebracht. Innerhalb des Fremantle-Vorstands führten wir lange, leidenschaftliche Diskussionen darüber, ob wir dieses Programm überhaupt in andere Märkte exportieren sollten. Die männlichen Board-Mitglieder waren dabei eher zurückhaltend, während die weiblichen weniger Bedenken hatten und auf die Erfolge in den USA sowie die Möglichkeit zur Selbstfindung der teilnehmenden Frauen verwiesen. Obwohl wir das ursprüngliche Konzept mit Blick auf die kulturellen Bedingungen in Deutschland etwas veränderten, hätte ich damals besser entscheiden sollen, auf den Produktionsauftrag zu verzichten. Soziale Anerkennung durch eine selbstdefinierte Physis, mehr Freunde finden mit gestrafften Wangen und aufgespritzten Lippen: Das waren nach meiner Einschätzung fragwürdige Botschaften eines Unterhaltungsformats, die zudem das Risiko einer Imageschädigung für Sender und Produzent bargen. Wir haben *The Swan* nach einer Staffel beendet und nie wieder etwas Vergleichbares versucht.

Mein weiter Bogen von *Holocaust* bis *The Swan* zeigt zweierlei: wie komplex, vielfältig und unvermeidbar unsere Verantwortung ausfällt, wenn wir Geschichten für ein breites Publikum erzählen; aber ebenso, dass wir es hier nicht nur mit gesellschaftlicher Pflichterfüllung zu tun haben, sondern auch mit einem geschäftlichen Imperativ. Für mich steht es außer Frage, dass der langfristige Erfolg von Medienmarken maßgeblich von der Authentizität und Glaubwürdigkeit ihrer Inhalte abhängt. Gerade in der schier unübersichtlichen Angebotsvielfalt des digitalen Medienzeitalters ist das eine große Chance für zuverlässige Marken, die ein klares Profil haben. Ein Profil, das die soziale Verantwortung sichtbar mit einbezieht und das auf dem Boden eines klar umrissenen Wertekosmos steht.

Die UFA wird 100: Wolf Bauer und sein Nachfolger Nico Hofmann begrüßen im September 2017 Politgrößen wie Bundespräsident Frank-Walter Steinmeier, der die Festrede hält.

Filmkunst von Weltgeltung: Ernst Lubitschs *Carmen* (1918) mit Pola Negri und Fritz Langs *Metropolis* (1927) mit Brigitte Helm zählen zu den frühen Meilensteinen der alten Ufa.

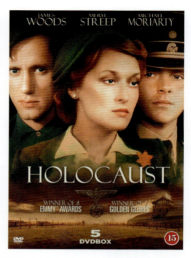

Bewegte Bilder mit Wirkungsmacht: Das Experiment *4 Wochen ohne Fernsehen* (1976) und die Serie *Holocaust* (1978) lenken Wolf Bauers Blick auf die Verantwortung der TV-Macher.

Früher Mentor: Hanns Werner Schwarze, Erfinder von *Kennzeichen D* und Leiter des Berliner ZDF-Studios von 1963 bis 1988, gibt dem jungen Wolf Bauer seinen ersten Job als Reporter.

Gemeinsame Erfolgssträhne mit Action-Comedy: Wolf Bauer und Dieter Hallervorden drehen 1985 im Rahmen ihrer »Didi«-Filmreihe *Didi auf vollen Touren*, hier am Set in Südfrankreich.

»Ich brauche mehr Details«: Die Verwechslungskomödie *Didi – Der Doppelgänger* (1984), in der Hallervorden einen Baulöwen und einen Kneipenwirt spielt, genießt bis heute Kultstatus.

Junge Zarin: Die 25-jährige Catherine Zeta-Jones spielt 1995 *Katharina die Große* in einer Produktion der UFA International, die *Holocaust*-Macher Marvin J. Chomsky inszeniert.

Filmerfolge auf Englisch: Die Thriller *Contaminated Man* (2000) mit William Hurt und *Hostile Waters* (1997) mit Rutger Hauer stehen für die Koproduktionsstrategie der UFA International.

Grundpfeiler der UFA-Strategie: 2002 kann die Unternehmensgruppe ihr 85-jähriges Bestehen mit 17 langlaufenden Programmmarken feiern. Als Wolf Bauer 2017 ausscheidet, sind es 26.

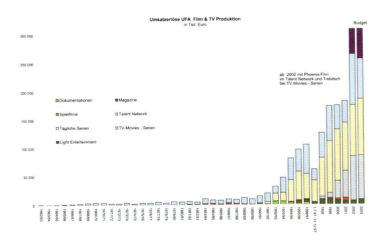

Großer Umsatzsprung: Über Jahrzehnte gehört die UFA zu den kleinen Produzenten. Das Wachstum beginnt 1991 und wird durch neue Genres im jungen Privatfernsehen ausgelöst.

Meilenstein: Deutschlands erfolgreichste Daily Soap, *Gute Zeiten, schlechte Zeiten*, feiert 2017 ihr 25-jähriges Jubiläum. Wolf Bauer stößt mit dem Ensemble darauf an.

Die Spötter irren: Zwar startet *GZSZ* (mit Frank-Thomas Mende, Angela Neumann, Andreas Elsholz) 1992 mit schwachen Quoten, wird jedoch bald für RTL zum systemrelevanten Format.

20 Jahre im Ersten: Obwohl das australische Vorbild eine nach 250 Folgen abgeschlossene Geschichte erzählt, bringt es *Verbotene Liebe* zwischen 1995 und 2015 auf 4.664 Episoden.

Explizit eskapistisches Genre: Mit *Verliebt in Berlin* (Sat.1) und *Bianca – Wege zum Glück* (ZDF) etabliert die UFA als erster Produzent ab 2004 Telenovelas im deutschen Fernsehen.

Kino fürs Fernsehen: Das 1998 gegründete UFA-Label teamWorx unter Leitung von Nico Hofmann wird zum Meister historischer TV-Events wie *Dresden*, das 2006 im ZDF läuft.

Konfrontation mit der eigenen Geschichte: Der teamWorx-Dreiteiler *Unsere Mütter, unsere Väter* regt 2013 einen Dialog zwischen Generationen über das Grauen des Krieges an.

Tragische Historie: Joseph Vilsmaier inszeniert für die UFA Fernsehproduktion den Zweiteiler *Die Gustloff* (2008), der vom Untergang des Flüchtlingsschiffs im Januar 1945 erzählt.

Friedlicher Widerstand: Veronica Ferres spielt im Zweiteiler *Die Frau vom Checkpoint Charlie* (2007) eine fiktionalisierte Version von Jutta Gallus, die gegen das SED-Unrecht protestiert.

Krimi-Dauerbrenner: Bis zum Serienfinale im Dezember 2020 bringt es *SOKO München* (mit C. v. Beau, B. Hein, G. Silberbauer, M. Husagic, J. Kiefer) auf stolze 42 Bildschirmjahre.

Primetime-Ermittlungen: Der Erfolg der Vorabend-SOKO führt dazu, dass 2001 zusätzlich die *SOKO Leipzig* (mit S.Schroeder, M. Marschke, M. Girnth, A. Mußul) am Freitagabend startet.

Hochvolumiger Blockbuster: *Das Quiz mit Jörg Pilawa läuft* von 2001 bis 2010 am Vorabend der ARD und sorgt beim UFA-Label Grundy Light Entertainment für stabile Erträge.

Quotengarant mit Lern- und Spaßfaktor: Seit 2015 versorgt UFA Show & Factual den ARD-Vorabend mit *Wer weiß denn sowas?* und die Primetime mit *Wer weiß denn sowas XXL*.

Die UFA als Kulturfaktor: Seit 2011 feiern die »UFA Filmnächte« jedes Jahr das Stummfilmerbe. Auf dem Dach der Bertelsmann-Repräsentanz begrüßt Wolf Bauer die Gäste zum Vorempfang.

Fest im sommerlichen Kulturkalender der Hauptstadt: Knapp 900 Besucher verfolgen 2015 F.W. Murnaus Südseeromanze *Tabu* von 1931, live begleitet vom UFA-Filmorchester.

Von der Label-Struktur zur »One UFA«: Bis 2012 führt Wolf Bauer viele spezialisierte Marken. Als Antwort auf die Marktfragmentierung gibt sich die UFA eine neue Netzwerk-Architektur.

Erster Emmy: *Unsere Mütter, unsere Väter* holt 2014 den International Emmy Award. ZDF-Intendant Thomas Bellut, Produzent Benjamin Benedict und UFA-Chef Wolf Bauer freuen sich.

Zweiter Emmy: *Deutschland 83* siegt 2016 als beste Dramaserie. Die Produzenten Sebastian Werninger und Jörg Winger feiern mit Wolf Bauer und Philipp Steffens (RTL) in New York.

Großes Kino am Rand der marokkanischen Wüste: In der Filmstadt Ouarzazate finden im Sommer 2012 aufwendige Dreharbeiten für die Literaturverfilmung *Der Medicus* statt.

Reise ins Licht des Orients: Noah Gordon vertraut seinen Bestseller den Produzenten Wolf Bauer und Nico Hofmann an. Diese gewinnen Ben Kingsley für die Rolle des Gelehrten Ibn Sina.

Abschiedsgruß aus Köln: Das Team des Castingshow-Dauerbrenners *Deutschland sucht den Superstar* versammelt sich 2017 im Studio, um Wolf Bauer alles Gute zu wünschen.

Nach 27 Jahren als CEO: Bertelsmann-Chef Thomas Rabe und Liz Mohn, Vorsitzende der Gesellschafterversammlung, verabschieden Wolf Bauer aus der UFA-Geschäftsführung.

3. FORSCHERDRANG
ODER: WARUM LIEGT IM REIZ NEUER MÄRKTE
EIN SINNVOLLES GESCHÄFTSPRINZIP?

Wer hat eigentlich behauptet, ich sei kein Mann für Extreme? Von *Kennzeichen D* direkt zu Didi Hallervorden – diesen Sprung durch den Medienkosmos kann kein anderer Ex-Journalist für sich beanspruchen. Ich sprang genau in die richtige Richtung. Und meine berufliche Beziehung zu dem Mann, der so viel mehr ist als nur der »Palim-Palim«-Kultkomiker, sollte beinahe dreimal so lange währen wie meine Phase als Politikredakteur. Gleich zu Beginn meiner Zeit als UFA-Producer spezialisierte ich mich auf zwei Felder: Einerseits holte ich große Stars der UFA-Historie wie Elisabeth Bergner, Curt Bois, Gustav Fröhlich, Gustav Knuth oder Inge Meysel noch einmal für Specials oder populäre Theaterverfilmungen vor die Kamera – meist im Auftrag von Gerd Bauer in der ZDF-Unterhaltung oder von Siegfried Kienzle, dem damaligen Leiter der ZDF-Theaterredaktion. Andererseits fing ich an, neue Komödien zu entwickeln. Dieter Hallervorden genoss damals durch *Nonstop Nonsens* eine große Popularität und ich sah vielversprechende Möglichkeiten der Zusammenarbeit vor meinem geistigen Auge. Als wir uns das erste Mal gegenübersaßen, waren wir uns auf Anhieb sympathisch. Ich traf auf einen sehr intelligenten, gebildeten und talentierten Menschen. Daraus wurde eine wunderbare Partnerschaft, die ich nicht missen möchte. Immer wenn er einen Satz mit »Ich gebe zu bedenken, dass…« anfing, wusste ich schon, dass er da in einem Punkt grundsätzlich anderer Meinung war als ich. Ich wusste immer, was er wollte, und er wusste, was ich wollte. Auf dieser Basis haben wir glänzend miteinander funktioniert.

Filme mit Dieter Hallervorden

Unsere erste Zusammenarbeit war der 1981 gedrehte Film *Alles im Eimer* mit Hallervorden in der Hauptrolle und Ralf Gregan als Regisseur, den wir ursprünglich fürs ZDF produzierten. Hauptfigur war der erfolglose Erfinder Leo Bergert, der von seiner reichen Tante den Geldhahn zugedreht bekommt und nun von Gläubigern gejagt und von seiner Verlobten verlassen wird. Als er daraufhin seinen Selbstmord plant, geht auch der schief, und Leo beauftragt einen Kleinganoven, ihn am nächsten Tag umzubringen. Einen Tag später kommt seine Verlobte zurück, die Tante ist bereit, ihn weiter zu finanzieren – und Leo muss verzweifelt darum kämpfen, am Leben zu bleiben. Die Geschichte basierte auf dem UFA-Film *Der Mann, der seinen Mörder sucht*, den Erich Pommer 1931 mit Heinz Rühmann als Hauptdarsteller und Robert Siodmak als Regisseur produziert hatte. Der fertige Film war unserer Auffassung nach so gut geworden, dass wir ihn vor der TV-Auswertung ins Kino bringen wollten. Von unserem eigenen Gesellschafter waren dabei mehr Widerstände zu erwarten als vom ZDF. Wir mussten uns quasi ins Kino einschleichen, denn offiziell verstießen wir damit gegen eine eiserne Bertelsmann-Regel. Die UFA hatte seit 1960 nicht mehr fürs Kino produziert und dabei hätte es aus Gütersloher Sicht auch bleiben sollen. Man scheute das im Vergleich zum Fernsehen schwer überschaubare Risiko. Am Ende gab uns der Erfolg Recht: Der Film lockte

1,2 Millionen Zuschauer in die Kinos. Dieses Potenzial konnten wir uns nicht entgehen lassen. Also machten wir weiter und schufen die berühmte Reihe der »Didi«-Filme. Die Budgets lagen zwischen drei und fünf Millionen D-Mark, dafür machten wir relativ aufwendige Filme. Da das Risiko überschaubar war, ließ Bertelsmann uns machen. Ganz nebenbei etablierten wir das Genre der Action-Komödie, das wir uns aus dem französischen Kino abgeschaut hatten. Schon für den zweiten »Didi«-Film, *Der Doppelgänger*, engagierten wir neben dem Regisseur Reinhard Schwabenitzky den französischen Action-Spezialisten Robert Ménégoz. Das Resultat: drei Millionen Zuschauer. Damit war der Bedarf nach Mehr so eindeutig definiert, dass wir nun alle anderthalb Jahre einen neuen »Didi«-Film liefern mussten.

Ohne es am Anfang strategisch zu planen, hatten wir uns einen neuen lukrativen Markt aufgebaut. Und das gleich in doppelter Hinsicht: Hätten wir einfach brav die bestehenden Regeln befolgt, dann hätte die UFA weder einen Kinofilm produzieren noch das bis dato in Deutschland unerprobte Genre der Action-Comedy erwägen dürfen. Ich trug damals noch nicht die Gesamtverantwortung fürs Unternehmen, sondern nur für die von mir produzierten Projekte. Das war gut so, denn so ging ich unbefangener an die neuen Tätigkeitsfelder heran. Ich dachte ausschließlich vom Produkt, vom Inhalt her und sah durch eine andere Auswertungsform die Chance, das Produkt besser zu positionieren sowie seine Wahrnehmung zu vergrößern. Werner Mietzner hielt mir in dieser Hinsicht den Rücken frei. Vom erfolgreichen Ergebnis, das im Voraus nicht präzise plan- oder berechenbar gewesen wäre, profitierten alle Beteiligten. Eine knappe Dekade lang hielt die Erfolgssträhne und bescherte uns sieben Filme mit insgesamt zwölf Millionen Kinobesuchern in Deutschland, Österreich und der Schweiz. Erst als wir zu ehrgeizig wurden und 1988 mit *Didi – Der Experte* ein gutes Stück in Richtung Politsatire gingen, kamen ›nur‹ noch 850.000 Zuschauer ins Kino.

Meine persönliche Form des Forscherdrangs führte mich damals aber nicht nur ins Kino, sondern auch ins Ausland. Ganz besonders faszinierte mich der US-Markt mit seiner enormen Professionalität und Dynamik. Fernsehen war dort in den 1980er-Jahren längst eine echte Industrie, die entscheidend von kreativen Produzenten getrieben wurde. Übrigens verbindet mich mein abenteuerlichster US-Abstecher wiederum mit Dieter Hallervorden. Als ich nach dem Ende unserer Kinoreihe mit ihm fürs ZDF *Die Didi-Show* produzierte, versuchten wir, Sketche von *Saturday Night Live* zu lizenzieren. Die wochenaktuelle US-Comedy-Show galt schon damals als leuchtendes Vorbild. Also nahm ich Kontakt zu NBC auf und erklärte unser Vorhaben. Nach langwierigen Gesprächen kam die Antwort: Leider sei es nicht möglich, die Rechte an den Sketchen zu verkaufen, weil diese quasi ›atomisiert‹ seien und sich kein einheitlicher Rechteinhaber ausmachen lasse. Wenn wir wollten, könnten wir aber vorbeikommen, um uns vor Ort in New York in einem Screening-Raum von NBC diverse Tapes anzuschauen und so Inspirationen zu sammeln. Das ließen wir uns nicht zweimal sagen. Hallervorden und ich flogen umgehend nach New York, saßen zehn Tage lang bei NBC, guckten eine Folge SNL nach der anderen und sogen die Anregungen auf wie zwei Schwämme. Ins Deutsche adaptiert, landeten etliche der Gags in unserer Show. Allerdings war das Format so aufwendig zu produzieren, dass das ZDF sich nach den verabredeten zehn Folgen keine Fortsetzung mehr leisten wollte.

Fehlstart in Hollywood

Weniger ermutigend war für mich der Ausgang meiner ersten intensiven Zusammenarbeit mit amerikanischen Kollegen ein paar Jahre zuvor. Während HBO heutzutage für einige der größten und besten Serien der Welt wie *Game of Thrones*, *Westworld* oder *True Detective* steht, lebte der Pay-TV-Anbieter damals noch von

Spielfilmen und Sportübertragungen. 1983 wollte der damalige CEO Michael J. Fuchs das Profil seines Senders mit originären Programmen stärken. Seine Strategie: Zwölf Made-for-TV-Movies in Spielfilmqualität sollten pro Jahr produziert werden, damit jeden Monat ein neues Original erscheinen konnte. Mit der Umsetzung war die Britin Jane Deknatel als Head of HBO Premiere Films betraut – eine eindrucksvolle Lady mit üppiger Entourage, die während der Filmfestspiele von Cannes im Hôtel du Cap-Eden-Roc Hof hielt. Ein Termin mit ihr war unter internationalen Produzenten so begehrt wie mit Netflix-Entscheidern heutzutage. Da ich gelegentlich nach Los Angeles reiste und meine Antennen dort ausfuhr, kamen wir ins Gespräch über einen deutschen Stoff, den wir für HBO im amerikanischen TV koproduzieren wollten und der in Deutschland sowie vielen anderen Ländern ins Kino kommen sollte. Wir entschieden uns für ein Drama auf Basis der wahren Geschichte der Widerstandskämpferin Maria Gräfin von Maltzan, die sich als Studentin im Berlin der frühen 1940er-Jahre in den jüdischen Literaten Hans Hirschel verliebte und diesen über Jahre in ihrer Wohnung in einer Truhe vor der Gestapo versteckt hielt. Ich entwickelte das Projekt gemeinsam mit dem jüdischen Hollywood-Produzenten Gerald Isenberg und investierte jede Menge Zeit und Energie in die Vorbereitung dieser ambitionierten Koproduktion, mit der ich der UFA den US-Markteintritt ebnen wollte. Der Film wurde schließlich unter dem Titel *Forbidden* realisiert mit Jacqueline Bisset in der weiblichen, Jürgen Prochnow in der männlichen Hauptrolle und Anthony Page als Regisseur. Aber leider ohne mich.

Wir steckten schon mitten in den Produktionsvorbereitungen, als Werner Mietzner die Sache plötzlich zu heiß wurde. Ihm war ein Dorn im Auge, dass die für das Projekt abgeschlossene Ausfallversicherung – von Fachleuten ›completion bond‹ genannt – ein oder zwei theoretische Risiken nicht abdeckte. Ich hingegen fand das Risiko überschaubar und als Startpunkt für weitere transatlantische Koproduktionen gerechtfertigt. Bis dahin hatte Mietzner mir immer vertraut und mich weitgehend machen lassen. Aber diesmal war nicht mit ihm zu reden. Er untersagte mir die Produktion von *Forbidden*. Ich musste HBO und meinem Koproduzenten unseren Ausstieg aus dem Projekt verkünden. Isenberg fing am Telefon bitterlich zu weinen an und sprach von der größten Enttäuschung seines Lebens. Selten zuvor hatte ich mich so schrecklich gefühlt. Ich empfand das als schwere Kränkung. Von deutscher Seite stieg dann stattdessen Herbert Kloiber mit seiner Tele München Gruppe ein. Für mich war das schmerzlich, weil ich damals bereits einen unternehmerischen Drang zur Internationalisierung unseres Geschäfts verspürte. Dieser resultierte aus der Einsicht, dass wir als Produzenten unter dem herrschenden Duopol von ARD und ZDF regelrecht ›gefesselt‹ waren. Meine Überzeugung war: Ein Produzent kann nicht nur bloßer Auftragsempfänger eines Senders sein. Ohne eigene Rechte an den hergestellten Programmen zu generieren, würde das Geschäft auf Dauer keinen Sinn machen. Etwas persönlicher und egoistischer gesprochen: Für einen jungen, ambitionierten Kerl wie mich wäre es schlicht langweilig gewesen, einfach nur dem überkommenen Modell zu folgen. Ich war überzeugt, dass wir uns vom Vertragsdiktat befreien und internationalisieren mussten.

Europäischer Filmpreis

Mein nächstes internationales Engagement fiel in ein gänzlich anderes Segment, sollte aber dennoch einige Weichen stellen: 1988 produzierte ich den ersten Europäischen Filmpreis. Die Initiative ging vom Land Berlin aus, das ZDF kam als TV-Partner an Bord und trug mir die Produktion an. Als Partner wählte ich Konstantin Thoeren, einen deutschen Hollywood-Produzenten, den ich kurz zuvor kennengelernt hatte. Zu seinen Filmerfolgen zählten *Peter the Great* mit Maximilian Schell und Omar Sharif oder *Caravans* mit Anthony Quinn und Christopher Lee. Unsere Aufgabe war es, dem Preis Strahlkraft zu geben und möglichst viele Sender in Europa davon zu überzeugen. Wir wollten ein Schaufenster schaffen, das den europäischen Film möglichst attraktiv fürs breite Publikum darstellen würde, und zwar über die jeweiligen nationalen Grenzen hinweg. Also entwickelten wir eine große Samstagabend-Show mit Musik- und Comedyeinlagen und prominenten Vertretern des europäischen Kinos wie Ingmar Bergmann, Bernardo Bertolucci, Curt Bois, Klaus Maria Brandauer, Joan Collins, Marcello Mastroianni oder Ingrid van Bergen. Désirée Nosbusch und Jan Niklas übernahmen die Moderation; Uli Edel, einer der damals renommiertesten Regisseure, erstellte für uns die Ausschnitte aus den nominierten Filmen. Die Show, die allein in Deutschland fast acht Millionen Zuschauer erreichte, wurde quer durch Europa live übertragen und hätte aus unserer Sicht ein veritables Pendant zum Oscar werden können. Doch es kam anders. Die vom Arthouse beseelte Führung der frisch gegründeten Europäischen Filmakademie wollte im zweiten Jahr lieber eine würdige Feierstunde als eine bunte Mainstream-Show. Dann eben ohne uns, entschieden Thoeren und ich, denn es hatte mit der Idee des populären Schaufensters nichts mehr zu tun. Unsere vertrauensvolle Zusammenarbeit allerdings sollte bald noch enger werden und zur Gründung der UFA International führen.

Seit dem jähen Ende meiner amerikanischen Blütenträume hatte ich gelegentlich darüber nachgedacht, ob ich die UFA verlassen sollte. Andererseits hatten mir ja gerade die amerikanischen Partner widergespiegelt, welche Faszination eine Traditionsmarke wie die UFA in der Perspektive von außen vermittelte. Ich war noch nicht bereit, dieses Kapitel abzuhaken, auch wenn ich mich in den Folgejahren dem einen oder anderen Gespräch mit Konkurrenzunternehmen nicht verschloss. Das Wort

›Geschäftsführer‹ fiel zum ersten Mal in einem Gespräch mit der damaligen Studio-Hamburg-Tochter Multimedia. Hätte ich ja gesagt, hätte ich diesen Betrieb leiten können. Die Tätigkeit interessierte mich, das Unternehmen nicht so sehr. Aber ich nutzte das Angebot gegenüber Mietzner, um eine Zukunftsperspektive für mich bei der UFA zu besprechen. Im Auftrag von Bertelsmann-Vorstand Manfred Lahnstein interviewte dessen für TV und Radio zuständiger Manager Bernd Schiphorst schließlich drei Kandidaten für Mietzners Nachfolge: meinen Producer-Kollegen Norbert Sauer, der sechs Monate vor mir bei der UFA angefangen hatte, unseren kaufmännischen Leiter Axel Reick und mich. Ich erhielt den Zuschlag und wurde Mitte 1990 zunächst Geschäftsführer neben Mietzner, ab Juli 1991 dann alleiniger CEO. Meine geschätzten Mitstreiter Reick und Sauer beförderte ich in die Geschäftsführung. Mietzner fiel das Loslassen sichtlich schwer. Teil unseres Deals war, dass er mir noch eine Weile als Berater zur Verfügung stehen sollte. Ob der neuen Dynamik in der UFA kam er schon gegen Ende 1991 kopfschüttelnd zu mir und sagte: »Ich verstehe das alles nicht mehr.« Das lag nicht nur daran, dass der junge Nachfolger sofort alles ›auf Anfang‹ drehte. Mit dem Timing, das muss ich gestehen, hatte ich sehr viel Fortüne: Mein Einstieg als Geschäftsführer ging einher mit der beginnenden Auftragsvergabe der jungen werbefinanzierten Privatsender. Vor mir tat sich ein völlig neues Spielfeld mit scheinbar unbegrenzten Möglichkeiten auf. Die wollte ich nutzen.

Die ersten Daily Soaps

Die reizvollen neuen Märkte lagen nun im Inland. Anders als die öffentlich-rechtlichen Sender kopierten die Privaten das international übliche Programmierungsprinzip des täglichen ›stripping‹: Werktags lief von früh morgens bis zum Vorabend jeden Tag zur selben Zeit das gleiche serielle Programm. Das erforderte ein wesentlich höheres Produktionsvolumen als bei Serien oder Shows, von denen nur eine Folge pro Woche ausgestrahlt wurde. Der größtmögliche kreative und ökonomische Einschnitt, der damit einherging, war die Einführung der Daily Soap – ein Genre, das es im deutschen Markt zuvor nicht gegeben hatte. Schon bevor RTL-Gründungsgeschäftsführer Helmut Thoma auf die Idee kam, das Genre zu importieren, hatte ich gemeinsam mit dem Drehbuchautor Felix Huby eine Daily Soap entwickelt. Huby und ich hatten 1990 bereits bei der Sitcom *Die lieben Verwandten* für WDR und SWF zusammengearbeitet. In seinem ersten Leben war er politischer Journalist gewesen, unter anderem beim *Spiegel*, und schrieb seit Mitte der 1970er-Jahre Kriminalromane. Sein TV-Drehbuch-Debüt hatte er 1981 mit einem von zwei Pilotfilmen für den Schimanski-*Tatort*. Huby war der erste Drehbuchautor in Deutschland, der ein eigenes Autorenbüro beschäftigte, eine frühe Form des ›Writers' Rooms‹ sozusagen. Dementsprechend hatte er keine Bedenken, mit seinem Team 250 Soap-Episoden pro Jahr liefern zu können. Ende 1990 fuhren der mittlerweile vom ZDF zur UFA gewechselte Gerd Bauer, Huby und ich zu Thoma nach Köln, um ihm das Projekt zu unterbreiten. Er schien zwar beeindruckt, sagte uns jedoch unverblümt, dass er ein bereits erprobtes Format aus dem Ausland bevorzugen würde. Sein Augenmerk war auf die gerade frisch gestartete niederländische Soap *Goede tijden, slechte tijden* gefallen, die wiederum eine Adaption des australischen Originals *The Restless Years* war. Thoma schlug uns eine Kooperation vor, da es in seinem Sinne war, deutsche Kreative und einen deutschen Produzenten an Bord zu haben. Ihn trieb wohl die Sorge, dass die Australier ansonsten nur Kängurus durch Schäferhunde ersetzen würden.

Die Australier – das waren die Kollegen von Reg Grundy Productions. Erwartungsvoll fuhr ich zum Treffen mit deren Geschäftsführer Bill Mason, der in Berlin eingeschwebt war, um die Partnerschaft auszuhandeln. Leider stellte sich auf Anhieb eine spontane gegenseitige Abneigung zwischen uns ein. Eine so verkorkste erste Begegnung habe ich selten in meiner Berufslaufbahn erlebt. Mir war natürlich klar, dass Grundy schon seit langem Daily Soaps produzierte und ich der Neuling in diesem Genre war. Genau das ließ Mason mich überdeutlich spüren. Mir saß quasi der leibhaftige ›Master of the Universe‹ gegenüber, der mir voller Herablassung zu verstehen gab, dass ich ohne ihn keine Chance hätte. Ich wiederum fühlte mich als stolzer Produzent herausgefordert, ihm nach Kräften Kontra zu geben und auf meine Erfolge hinzuweisen. Als Mason abreiste, war ich überzeugt, dass ich die geplante Kooperation mit Grundy vergessen konnte. Dank Firmenpatriarch Reg Grundy und seiner großartigen Menschenkenntnis meldeten die Australier sich jedoch noch einmal und kündigten einen weiteren Emissär namens Mike Murphy an. Er war damals ihr Vice President für den europäischen Markt. Vom ersten Moment an verlief diese Begegnung absolut konträr zur vorherigen. Mike und ich mochten und verstanden uns prächtig. Zwischen uns gab es sofort eine professionelle wie auch menschliche Verbindung. Damit hatte sich das Gründungsduo der Grundy UFA gefunden, das Abenteuer *Gute Zeiten, schlechte Zeiten* konnte beginnen. Ohne Mike hätte es dieses Erfolgs-Joint-Venture wohl niemals gegeben. Dafür bin ich ihm auf ewig dankbar. Tatsächlich schrieben Huby und seine Leute die ersten 235 Folgen von *GZSZ*. Auch wenn sich bei Journalisten lange Zeit hartnäckig ein anderer Mythos hielt: Die australischen Originaldrehbücher legten sie schnell zur Seite. Sie erwiesen sich als unbrauchbar für unsere Mission, das junge deutsche Publikum mit lokal verankerten Geschichten zu begeistern. Auf fast allen anderen Feldern war der Know-how-Transfer von den erfahrenen Australiern auf das deutsche Team von immenser Bedeutung. Von ihnen lernten wir die Logistik und Planung sowie den sehr speziellen Workflow der Daily-Produktionen. Es ging darum, das Drehpensum zu stemmen und gleichzeitig die Raffinessen der kreativen Ausgestaltung zu entwickeln, um ein hohes erzählerisches und filmisches Niveau zu erreichen. Für die Teammitglieder vom Regisseur bis zum Kameramann, vom Drehbuchautor bis zum Set Designer, brachte das einen vollständigen Paradigmenwechsel. Hierzulande war man lediglich die klassische Film- und Fernsehproduktionsmethode gewohnt. Letztlich hat Grundy UFA, mit Mike Murphys großartigem Know-how-Transfer, unter seinen langjährigen Geschäftsführern Pavel Marik und Rainer Wemcken eine ganze Generation von Fernsehmachern auf allen Ebenen zu einer größeren Leistungsfähigkeit und zu höherer Produktivität in der Kreation, Gestaltung und Herstellung von massenattraktiven Programmen erzogen.

Gute Zeiten, schlechte Zeiten

Rund fünfeinhalb Millionen regelmäßige Zuschauer erreichte GZSZ, als wir im Mai 1997 das Fünfjährige unserer ersten täglichen Serie feiern konnten. »Wenn ich gefragt werde, was das Geheimrezept von GZSZ ist«, sagte ich in einer Ansprache ans Team, »dann sehe ich als erstes die Geschichten von dir und mir, die Emotionen, die bei unseren Zuschauern geweckt werden, und die hohe Identifikation mit unseren Figuren, die wir erreichen.« Diese Bestandsaufnahme gilt bis heute. Ebenso wie mein damaliger Dank an RTL-Chef Thoma, der dem Zuschauer die nötige Zeit ließ, »sich an das neue TV-Format zu gewöhnen. Er hat an GZSZ geglaubt, trotz vieler Miesmacher, und er hat nicht nur Recht behalten, sondern wird jetzt umso mehr mit enormen Werbeeinnahmen belohnt.« Tatsächlich verzeichnete RTL zum damaligen Zeitpunkt exorbitant hohe Werbeeinnahmen pro GZSZ-Episode. Mein Hinweis auf die Miesmacher bezog sich darauf, dass die ersten Folgen sowohl von der Kritik als auch von der Branche mit reichlich Spott und Häme übergossen wurden. Keiner hatte damals in der Tiefe verstanden, dass es sich hier um

eine fulminante Programminnovation handelte, die den deutschen TV-Markt in der Folge auf den Kopf stellen würde. Als nach
und nach die Einschaltquoten immer besser wurden, konnten
wir unseren Kritikern ihren Irrtum vor Augen führen. Und als
bald eine zweite und dritte Daily-Drama-Serie in Produktion
gingen, nämlich *Unter uns* für RTL und *Verbotene Liebe* für die ARD,
verstummte der Kreis der Ahnungslosen schnell und machte
Platz für verdeckten oder offenen Neid. Als ›First Mover‹ waren
wir in der Lage, den nun schnell wachsenden Bedarf – letztlich
wollten alle Sender in der Folge Daily-Drama-Produktionen für
den Nachmittag oder Vorabend haben – abzudecken. Das machte Grundy UFA zum größten und erfolgreichsten Daily-Drama-
Produzenten nicht nur in Deutschland, sondern in ganz Europa.
Heutzutage ist das Know-how-Niveau der Grundy-UFA-Kollegen
nicht nur den deutschen Wettbewerbern überlegen. Auch weltweit sind sie Spitzenreiter, wenn es um die Produktionstechnik,
den Workflow, aber auch den Look und das Storytelling von täglichen Serien geht.

Die Soap-Erfahrung war wiederum entscheidend dafür, dass wir
später ein weiteres neues Marktsegment kreieren und dominieren
konnten: unsere Form der Telenovela. Wenn ich an die internationale Fernsehmesse MIPTV im April 2005 in Cannes zurückdenke,
dann war dort der massive Erfolg der Telenovelas in Deutschland
das beherrschende Thema. Die Wahrnehmung dieser deutschen
Programminnovation im Ausland ging weit über meine Erwartung hinaus. Broadcaster aus anderen europäischen Ländern, aber
auch aus Übersee sprachen uns an und fragten, ob solche Telenovelas auch in ihren nationalen Märkten funktionieren könnten. Aus
Deutschland heraus schufen wir damit einen Programmtrend, der
andernorts zum Vorbild wurde. Daran hatten wir lange gearbeitet.
Meine Überzeugung, dass Telenovelas etwas für uns sein könnten,
gewann ich schon 1998. Damals reiste ich zusammen mit Mike
Murphy nach Mexiko und in andere lateinamerikanische Länder

und informierte mich vor Ort, wie Telenovelas konzipiert sind, wie sie produziert und gesendet werden, wie die Marketingkampagnen aussehen. Seit 1950 feiern die dortigen TV-Sender riesige Erfolge mit diesen melodramatischen Serien, die zumeist märchenhafte Liebes- und Aufstiegsgeschichten einer weiblichen Hauptfigur erzählen und damit in der Tradition des Lieferungsromans aus der Literatur des 19. Jahrhunderts stehen. So konnte ich vehement der landläufigen Auffassung widersprechen, Telenovelas seien ein rein lateinamerikanisches Phänomen. Im Gegensatz zu unseren Daily Soaps, die viele voneinander unabhängige Handlungsbögen parallel auf unbegrenzte Zeit erzählen, konzentriert sich die Telenovela auf den einen großen Handlungsbogen der Hauptfigur, der spätestens nach 200 bis 250 Episoden zum Abschluss kommt. Im Verbund unseres Mutterkonzerns FremantleMedia organisierten wir 2002 eine große Konferenz in Florida, zu der wir die wichtigsten Telenovela-Produzenten und die größten Sender einluden, um besser zu verstehen, wie sich das Genre auf den europäischen Markt übertragen ließe. Danach stiegen wir in die Entwicklung ein und fanden anderthalb Jahre später mit dem ZDF – namentlich Intendant Markus Schächter, Programmdirektor Thomas Bellut und Serienchef Claus Beling – den Partner, der den Mut hatte, zum ersten Mal ein solches Format auszuprobieren.

Verliebt in Berlin

Ich bin oft gefragt worden, wieso ich von diesem Genre über Jahre so überzeugt war. Die Antwort ist einfach: Ich beobachtete die gesellschaftliche und wirtschaftliche Entwicklung in Deutschland. Nach dem Platzen der Dotcom-Blase und nach 9/11 sowie dem dadurch ausgelösten Abschwung der Weltwirtschaft verschlechterten sich die ökonomischen Verhältnisse auch für unzählige deutsche Familien spürbar. Das Bedürfnis der Menschen nach Emotionalisierung wuchs entsprechend, ebenso wie der Wunsch,

zumindest zeitweilig aus der eigenen Realität flüchten zu können. Die Telenovela als ein explizit eskapistisches Genre bedient
solche Bedürfnisse. Die Flucht in Traum- und Märchenwelten ist
ein menschliches Grundmotiv – daraus erwächst eine legitime
Aufgabe für das Fernsehen. Natürlich adaptierten wir das lateinamerikanische Telenovela-Muster angemessen: In *Bianca – Wege
zum Glück* ging es nicht um krasse Klassengegensätze oder um
extreme Religiosität, vielmehr spiegelte die Geschichte ein mit-
teleuropäisches Lebensgefühl. Was wir dem ZDF damals versprachen, war ›täglich Pilcher‹, und genau das lösten wir auch ein.
Für Sat.1 stellte sich die Aufgabe dagegen ganz anders. Der damalige Senderchef Roger Schawinski wollte eine Idee für den
Vorabend haben, also für eine Sendezeit, die für Privatsender au-
ßerordentlich wichtig ist, weil viel Werbeumsatz generiert wird.
Gewünscht war eine sehr moderne Variante des Fortsetzungsro-
mans. Mit *Verliebt in Berlin*, der romantisch-mitreißenden Empo-
werment-Story der von Alexandra Neldel gespielten Lisa Plenske, gelang uns das überaus erfolgreich. Vorbild war ein Format
aus Kolumbien, *Yo soy Betty, la fea*, dort die erfolgreichste Telenovela um die Jahrtausendwende, die Markus Brunnemann, Produzent unserer Tochterfirma Phoenix Film, aufgetan hatte. Wir veränderten dieses klassische Aschenputtel-Konzept erheblich und
übertrugen es in unsere Lebenswelt – mit einem eher filmischen
Look und starker emotionaler Tonalität. »Es spricht also nichts
dagegen, dass sich die tollpatschige Lisa Plenske mit ihrem an-
rührend-naiven Charme und dem – trotz Zahnspange – unwi-
derstehlichen Lächeln in die Zuschauerherzen stiehlt«, urteilte
der *Stern* und behielt Recht. Von 16 Prozent Marktanteil in der
Zielgruppe der 14- bis 49-Jährigen am ersten Tag stiegen die Werte täglich weiter und pendelten sich bald bei hervorragenden 23
Prozent ein. Sagenhafte 7,35 Millionen Zuschauer verfolgten im
September 2006 das Happy-End-Finale, das Sat.1 um 20:15 Uhr
ausstrahlte.

Trotz des enormen Erfolgs und Wachstums im Inland behielt ich auch die internationale Perspektive im Blick. Kurz bevor ich Geschäftsführer der UFA wurde, hatte mir mein Vorgänger die Betätigung im Ausland noch erschwert. Recht bald danach gründete ich den Geschäftsbereich UFA International mit dem Ziel, auf regelmäßiger Basis englischsprachige Produktionen für den Weltmarkt zu entwickeln. Bei den TV-Movies und Mehrteilern, die wir produzierten oder koproduzierten, strebten wir einen ›international appeal‹ mit Fokus auf die Hauptmärkte USA und Deutschland an. Mein vertrauter Mitstreiter vom Europäischen Filmpreis, Konstantin Thoeren, übernahm die Geschäftsführung und wir eröffneten ein Büro in Los Angeles. Unsere engsten Partner sowie regelmäßige Koproduzenten wurden Jeffrey Schlesinger und Cathy Malatesta von Warner Bros. International Television. Offen gestanden, stechen in meiner Erinnerung nicht allzu viele Projekte aus der damaligen Zeit als kreative Meisterwerke heraus. Es entstanden überwiegend konventionelle Stoffe wie *Code Name: Eternity – Gefahr aus dem All*. Nur wenige Werke waren beachtlich wie der U-Boot-Thriller *Hostile Waters – Fahrwasser des Todes* mit Martin Sheen und Rutger Hauer oder der von *Holocaust*-Schöpfer Marvin J. Chomsky inszenierte Zweiteiler *Katharina die Große* mit einer jungen, noch nicht weltbekannten Catherine Zeta-Jones. Immerhin waren all diese Projekte sowohl für unseren Umsatz als auch für unsere internationale Vernetzung und Koproduktionserfahrung wertvoll. So richtig auszahlen sollte sich das ab 2013, als wir anfingen, nicht mehr nur einzelne Filme aus deutscher Produktion, sondern ganze Serien erfolgreich weltweit zu verkaufen. Vorausgegangen war ein strategischer Perspektivwechsel: Bei Nico Hofmanns teamWorx-Programm *Unsere Mütter, unsere Väter* und später bei *Deutschland 83*, *Ku'damm 56* oder *Charité* stand zu Beginn der jeweiligen Stoffentwicklung nicht mehr die Frage, wie wir möglichst international oder universell daherkommen würden, sondern der Anspruch, eine spezifisch eigene Geschichte mit klarer lokaler Verwurzelung zu erzählen. Der nachhaltige Einstieg in die horizontal erzählte High-End-Serie brachte uns ebenso ein spannendes neues Geschäftsfeld ein wie die Einführung und Weiterentwicklung der großen Talent- und Casting-Shows oder die konsequente Erprobung und Anwendung neuartiger Storytelling-Formate für verschiedenste digitale Plattformen. Stets angetrieben von einem starken kreativen Forscherdrang. Auf all diese Innovationen und auch so manchen damit verbundenen Fehlversuch werde ich später noch ausführlich eingehen. Für den Moment bleibt festzuhalten: Jedes Mal, wenn wir dem Reiz eines neuen, von uns noch nicht betretenen Weges folgten – sei es ins Kino oder ins Ausland, sei es ins Daily Drama oder in die Telenovela –, dann führte er uns früher oder später als ›first mover‹ in eine geschäftliche Dynamik von profitablem Wachstum und Ausbau unserer Marktposition. Mal direkt und unmittelbar, mal auf verschlungenen Umwegen. Der Mut zum ersten Schritt hat sich immer ausgezahlt.

4. AUSDAUER
ODER: WIESO IST MARKENBILDUNG EIN ZENTRALER ERFOLGSFAKTOR?

Der Wind weht frisch, das Wasser ist kühl, die Sonne scheint aufs Deck. Kurs halten, Segel setzen, Wendemanöver planen – je nach Windstärke betreibe ich auf dem Wannsee und den Wasserstraßen rund um Berlin bestes mentales Ausdauer- und Fitnesstraining sowie pure Meditation. Ideen entstehen in der Stille – sie stärkt die kognitiven Fähigkeiten und ist ein ideales Gegengewicht zu jeglicher inneren Unruhe oder Aufregung. Ich verdanke es sicher zu einem großen Teil diesem meditativen Training, dass ich nach außen fast immer den Eindruck von Ruhe und Gelassenheit vermitteln konnte. An einem schönen Wochenendtag auf meinem Segelboot vergehen Stunden wie im Flug. Auch so kann sich Ausdauer äußern. Im beruflichen Kontext kann mein eben gehaltenes Plädoyer für die beherzte Eroberung neuer Märkte nicht ohne den Willen und das Bekenntnis zur Langstrecke stehen. Was wäre eine Ansammlung neuer Wege ohne die Disziplin, ihnen länger als nur ein paar Schritte zu folgen? In unserem Geschäft fallen immer mal wieder jene Showbiz-Manager auf, die mehr Show als Biz betreiben und sich von Mode zu Mode hangeln. Das habe ich explizit *nicht* gemeint, als ich vorhin vom Mut zum ersten Schritt sprach.

Dank der Kinofilme mit Dieter Hallervorden sammelte ich schon früh – und sicher noch nicht ganz so strategisch geplant wie später – erste Erfahrungen mit dem Aufbau von Programmmarken, einem der wesentlichen Erfolgsfaktoren für Produktionsunternehmen. Unsere erfolgreiche Kinoreihe aus den 1980er-Jahren war letztlich nichts anderes als der frühe Aufbau einer Programmmarke, nicht umsonst stand »Didi« immer im Titel. Der vertraute Name gab ein ganz bestimmtes Versprechen ab, das über den einzelnen Film hinaus galt. Wer den ersten »Didi«-Film mochte, konnte ziemlich sicher sein, dass auch der nächste und der übernächste seinen Geschmack treffen würden. Dieses Markenversprechen war aus meiner Sicht mindestens die halbe Miete, wenn es darum ging, möglichst viele Menschen ein weiteres Mal vom Wohnzimmersofa ins Kino zu bewegen. Gleichzeitig verpflichtete es uns natürlich, dem hohen Erwartungslevel mit jedem neuen Film gerecht zu werden und die wiederkehrenden Fans nicht zu enttäuschen. Denn jeder Ausreißer hätte ja das Risiko beinhaltet, die positive Kraft der Marke zu zerstören. Aus dieser Markenperspektive heraus könnte man sagen, dass wir den Rückgang der Zuschauerzahlen gegen Ende einer erfolgreichen Dekade selbst verursacht hatten, indem wir die Weiterentwicklung nicht behutsam genug betrieben. Denn wir hatten bei den letzten beiden Filmen den Versuch gewagt, das ›Didi-eske‹ zu reduzieren und satirische Elemente zu stärken. Oder die Marke war zu diesem Zeitpunkt und unter diesen Umständen schlicht und ergreifend auserzählt. Auch das kann passieren, wenn die Marke keine Butter und kein Waschmittel, sondern ein kreatives Produkt ist. Mein Ehrgeiz jedenfalls war geweckt, und eine meiner Leitfragen sollte fortan lauten: Wie bekomme ich es hin, möglichst langlaufende Programmmarken zu etablieren, die über fünf, zehn, 15 Jahre Bestand haben können? Dies wurde einer der Grundpfeiler der UFA-Strategie, nachdem ich die Geschäftsführung übernommen hatte. Für einen Produzenten war und ist diese Frage deshalb so bedeutsam, damit er nicht ständig nur Prototyp-Arbeit leisten muss. Ein einzelnes Fernsehspiel ist für einen Produzenten so wie der Prototyp für einen Automobilkonzern: Interessant wird es erst, wenn das neu entwickelte Fahrzeug in Serie geht. Entsprechend suchten wir quer durch alle Genres – egal ob tägliche Serie, Krimireihe oder Unterhaltungsshow – gezielt die Langläufigkeit, das Franchise-Potenzial hinter einer Programmidee.

Profil und Profit

Wer eine solche Strategie konsequent verfolgen will, muss sich darüber im Klaren sein, dass am Anfang immer eine knallharte Selektion von Projekten steht. Auch wenn es weh tut, muss man sich von vielen schönen, unter künstlerischen Gesichtspunkten durchaus interessanten Projekten trennen, wenn diese nicht das Potenzial haben, Longrunner zu werden. Die UFA produzierte bis Ende 2010 um die 45 TV-Movies pro Jahr. Da von diesen Einzelstücken keines in Serie ging und ja auch gar nicht dazu bestimmt war, kam mir der vorhin erwähnte Vergleich zum Bau von Prototypen in der Automobilbranche zum ersten Mal in den Sinn. Natürlich bauen Automobilunternehmen nur deshalb Prototypen, um dann bei entsprechender Entwicklungsreife damit in Serie zu gehen. Wir taten das nicht. Als ich die Wirtschaftlichkeit dieses Geschäftsfelds genauer unter die Lupe nahm, stellte ich fest, dass wir damit de facto keinen Gewinn erwirtschafteten. So gut wie jedes von uns produzierte TV-Movie hatte zwar einen positiven Deckungsbeitrag I, also zumindest einen kleinen Gewinn nach Abzug der unmittelbaren Kosten für die Filmherstellung. Doch nach Abzug der fixen Overhead-Kosten, die wir projektübergreifend beispielsweise für Producer, Herstellungsleiter oder sonstige Administration zahlten und die nötig waren, damit das Unternehmen diese Zahl an Movies leisten konnte, blieb bestenfalls eine schwarze Null als Deckungsbeitrag II. Der

Strategieschwenk, der daraus für mich notwendigerweise folgte, war radikal: Wir wollten die Zahl unserer Einzelstücke drastisch reduzieren. Wir entschlossen uns, nur noch solche 90-Minüter zu produzieren, die uns entweder Auszeichnungen einbringen, unser Image als Qualitätsproduzent erhöhen oder der gezielten Nachwuchspflege dienen würden. Alle anderen, die uns weder Profil noch Profit versprachen, wurden gekippt. Es war nicht gerade leicht und erst recht nicht populär, als wir bei rund 30 Projekten auf einen Schlag aus den Verhandlungen mit den jeweiligen Sendern ausstiegen. Bis heute ist die UFA bei einer Größenordnung von etwa 15 TV-Movies pro Jahr geblieben.

Mit diesem Verzicht auf unprofitablen Umsatz investierten wir zugleich mehr Geld und mehr Energie in die Entwicklung von franchisefähigen Formaten wie *Bella Block*, *Ein starkes Team*, *Donna Leon*, *Ein Sommer in ...* oder *Die Diplomatin* mit Natalia Wörner. Solche Reihen bestehen meist aus zwei bis vier 90-Minütern pro Jahr. Sie erzählen zwar überwiegend in sich abgeschlossene Geschichten, sind aber durch eine thematische Klammer und ihre wiederkehrenden Hauptfiguren miteinander verbunden. Nicht nur ihre Ertragskraft für das Produktionsunternehmen ist deutlich besser als die von Einzelstücken, sondern auch ihre Markenkraft und Performance beim Publikum. Wer die ermittelnden Kommissare oder die mutige Diplomatin beim ersten Mal gut fand, wird höchstwahrscheinlich auch beim nächsten Mal wieder einschalten, wenn sie es mit einem anderen Fall zu tun haben. Aus Produzentensicht liegt der Vorzug der Reihe darin, dass man im Erfolgsfall ein höheres Volumen auf einmal verkaufen kann, dadurch mehr Planungssicherheit gewinnt und die Entwicklungs- und Produktionsmaschinerie nicht jedes Mal neu von Null anwerfen muss. Kein Wunder, dass heutzutage etliche Fiction-Produzenten nach Reihen streben.

Das erläuterte Portfoliomanagement – mehr Reihen, weniger Einzelstücke – brachte mir als CEO der UFA-Gruppe den willkommenen Effekt, dass die Ertragskraft unserer schwächeren Tochterfirmen einen kleinen Sprung in Richtung der Top-Performer machte. Vorher hatte ich mit Grundy UFA und Grundy Light Entertainment herausragende Ertragsbringer im Portfolio, während die UFA Fernsehproduktion um die drei Prozent Umsatzrendite und teamWorx um die zwei Prozent lag. Die Schere schloss sich ein bisschen und wir konnten die beiden zurückliegenden Töchter immerhin auf eine angemessene Flughöhe in Sachen Umsatzrendite befördern. Von der Jahrtausendwende bis zu meinem Ausscheiden aus der UFA-Geschäftsführung im Herbst 2017 produzierten wir stets um die 25 langlaufende Programmmarken – mehr als jede andere deutsche Produktionsfirma. Die UFA hätte einen eigenen Sender damit bestücken können. Neben den erwähnten Filmreihen sorgten natürlich vor allem die täglich und wöchentlich ausgestrahlten Serien wie *Gute Zeiten, schlechte Zeiten*, *Alles was zählt*, *SOKO München* oder *SOKO Leipzig*, Quiz- und Gameshows wie *Wer weiß denn sowas?* oder *Sag die Wahrheit* und große Primetime-Shows wie *Deutschland sucht den Superstar* oder *Das Supertalent* für Volumen. Wenn eine solche Vielzahl verlässlicher Blockbuster Jahr für Jahr fortgesetzt wird und einen hübschen Grundumsatz garantiert, ist das für den CEO durchaus komfortabel: Ich wusste am 1. Januar eines jeden Jahres bereits, woher 80 Prozent unseres Umsatzes kommen würden. Jeder, der unternehmerisch tätig ist, kann nachvollziehen, welchen enormen Unterschied das macht. Das hieß jedoch nicht, dass wir die Hände in den Schoß legen konnten. Im Gegenteil: Der Aufwand für die permanente Optimierung und Auffrischung unserer Langläufer war nicht zu unterschätzen. Es galt alles Menschenmögliche dafür zu tun, dass keine der 25 Marken unterging. Schließlich wurde mit fortschreitender Fragmentierung des Marktes immer klarer, dass eine einmal untergegangene Marke nie wieder im gleichen quantitativen Ausmaß ersetzbar war. Durch die Qualität der emotionalen Bindung zu Figuren und Akteuren – ob Hauptfigur einer Daily Soap oder Moderator einer Quizshow – bleibt die Loyalität des Zuschauers auch dann bestehen, wenn neue Angebote in den Markt kommen.

»Theoretisch wird es jedes Jahr schwieriger, weil uns immer weniger Geschichten bleiben, die wir noch nicht erzählt haben«, sagten Steve Levitan und Christopher Lloyd, die beiden Creator und Showrunner der langjährigen US-Erfolgsserie *Modern Family*, 2016 in einem Interview. »Aber dann stolpern wir immer noch über Geschichten, bei denen wir denken: Wow, das hätten wir in der ersten oder zweiten Staffel erzählen können. Es lag vor uns und wir haben bis jetzt einfach nicht daran gedacht. Der größte Druck, den wir spüren, ist, dass wir unseren ursprünglichen Kern nicht verraten wollen.« Ich finde, die zentrale Herausforderung bei der Pflege und Weiterentwicklung einer Programmmarke lässt sich kaum besser auf den Punkt bringen. Im Idealfall liegt das Langlauf-Potenzial schon im Genius der Grundanlage begründet: Eine Serie oder Reihe startet mit einer Konstellation von Charakteren, die der Zuschauer immer wieder gern in sein Wohnzimmer lässt, zu denen er eine Verbindung aufbaut und deren Schicksalen er ähnlich interessiert folgt wie denen von Freunden oder Verwandten. Haben die Kreativen einmal solche starken Figuren geschaffen, entstehen deren spätere Abenteuer und Konflikte meist folgerichtig aus den Figurenprofilen heraus. Eine Show wiederum basiert idealerweise auf Träumen, Wünschen oder Herausforderungen, die ein Großteil des Publikums aus der eigenen Gefühlswelt kennt. Selbst wer sich damit niemals vor eine Fernsehkamera wagen würde, baut einen inneren Bezugsrahmen zu jenen Protagonisten auf, die stellvertretend für ihn in einer Talentshow die ›15 minutes of fame‹ anstreben oder in einem Quiz ans eigene Allgemeinwissen appellieren. Damit daraus dann echte Brands werden, die wie DSDS seit 18 Jahren, wie *Ein starkes Team* seit 26, GZSZ seit 28 oder SOKO *München* seit 42 Jahren ununterbrochen auf dem Bildschirm laufen, bedarf es einer permanenten Rückbesinnung auf den ursprünglichen Kern des Formats, der niemals verraten werden darf. Das heißt allerdings nicht, dass man ihn mumiengleich konserviert, sondern ihn vielmehr im Lichte des jeweiligen Zeitgeistes betrachtet und mit Fingerspitzengefühl mit den im Wandel begriffenen gesellschaftlichen Strömungen abgleicht. Einige konkrete Tools und Vorgehensweisen, die wir dazu in der UFA eingesetzt haben, werde ich noch in späteren Kapiteln erläutern.

Verbotene Liebe

Wenn ich freilich eben davon sprach, dass nach Möglichkeit keine langlaufende Programmmarke untergehen durfte, dann gehört zur Wahrheit auch, dass wir diesen Kampf nicht immer gewonnen haben. Der größte Verlust in dieser Hinsicht war fraglos die *Verbotene Liebe*. Diese Daily Soap produzierten wir stolze 20 Jahre lang, von 1995 bis 2015, für das ARD-Vorabendprogramm. Die Formatvorlage aus Australien, *Sons and Daughters*, war dort eine der ersten Daily-Drama-Serien überhaupt und wurde zu Beginn der 1980er-Jahre von Reg Grundy entwickelt. Sie lief von Dezember 1981 bis August 1987 in 972 halbstündigen Episoden auf dem australischen Seven Network. *Verbotene Liebe* war die erste und sicher für alle Zeiten erfolgreichste Adaption dieser Serie, deutlich erfolgreicher sogar als das Original. Der große Erfolg unserer Version machte *Sons and Daughters* zum internationalen Verkaufsschlager mit weiteren Adaptionen in Schweden, Griechenland, Kroatien, Mazedonien oder Indonesien. Als die Serie 2015 endete, war ich mindestens so traurig wie die vielen treuen VL-Fans. Ökonomisch betrachtet, konnte ich diese Marke nicht mehr im gleichen Umfang ersetzen, da sie vom Produktionsvolumen und vom Ertrag her einfach zu groß war. Heutzutage müsste man vier neue Dailies ans Laufen bekommen, um den Ertrag von *einer* der alten zu ersetzen. Deshalb kämpfte ich wie ein Löwe um *Verbotene*

Liebe. Wie bei allen unseren Soaps hatten wir immer versucht, das Programm aufzufrischen. Doch rückblickend muss man feststellen, dass wir 2011 einen fatalen Fehler begingen, den ich mir auch ganz persönlich anlaste. In diesem Jahr stellte die ARD *Marienhof* ein, ihre zweite Daily Soap, die stets im Anschluss an *Verbotene Liebe* gelaufen war. Man fragte uns, ob wir die *Verbotene Liebe*, die erfolgreichere der beiden Soaps, von 24 auf 48 Minuten Nettosendezeit pro Folge verdoppeln könnten. Und wir sagten – ja. Immerhin winkte die Aussicht auf erheblich mehr Umsatz und Ertrag. Das hätten wir besser nicht getan. Eine ganze statt einer halben Stunde brutto war ausgerechnet für die Zeit zwischen 18 und 19 Uhr der Killer. Keine haushaltsführende Person hat um diese Zeit eine Stunde Ruhe. »Schatz, ums Essen kümmere ich mich später, jetzt gucke ich meine ›Verbotene Liebe‹!« – das war einfach nicht realistisch. In der Folge merkten wir, dass nur noch die ganz harten Fans linear guckten, dafür aber immer mehr auf Abruf. Am Ende verzeichnete die ARD-Mediathek rund 400.000 Videoabrufe pro Folge, also etwa 100 Millionen Abrufe im Jahr. Mit Engelszungen versuchte ich 2015 noch, die ARD-Intendanten davon zu überzeugen, dass dies ihr Publikum der Zukunft sei. Leider wollten sie meiner Argumentation nicht folgen, da die Serie in der Mediathek – anders als im vorabendlichen Werberahmenprogramm – nicht monetarisierbar war.

Als im Juni 2020 bekannt wurde, dass eine Neuauflage der *Verbotenen Liebe* für TVNOW, den Streamingdienst der Mediengruppe RTL, in Arbeit ist, freute mich das sehr. Die starke emotionale Zuschauerbindung verschafft Programmmarken eben eine lange Lebensdauer – auch über einen Sender hinaus. Direkt nach dem unwiderruflichen Aus in der ARD gab es einen anderen ernsthaften Interessenten aus unerwarteter Richtung: Ich ging auf Amazon Prime Video zu, um VL anzubieten – sie wollten die Marke spontan übernehmen. Wäre es nach den deutschen Verantwortlichen gegangen, hätte VL auf ihrer Plattform weiterleben können.

Wir hatten bereits eine grobe Übereinkunft erzielt, die vorsah, dass alle 4.664 Folgen der Soap am Montag nach dem allerletzten Ausstrahlungstag im Ersten bei Prime Video verfügbar sein sollten und dass wir jeden Werktag eine neue Folge veröffentlicht hätten. Leider machte uns das Amazon-Headquarter in Seattle einen Strich durch die Rechnung: Der Investitionsantrag der deutschen Filiale wurde abgelehnt. Es war wohl einfach noch zu früh für den Konzern, im deutschen Markt einen zweistelligen Millionenbetrag in eine tägliche Serie zu stecken. Keine der großen Streaming-Plattformen hat bisher eine Serie im Programm, die mit täglich neuen Folgen weitererzählt wird. Dabei wäre das doch im Hinblick auf Zuschauerbindung und Verweildauer eine spannende Ergänzung zu all den Miniserien, die sich in sechs bis acht Stunden komplett ›binge-watchen‹ lassen, möglicherweise sogar mit einer deutlich höheren ›completion rate‹, der neuen Währung der Streaming-Plattformen.

Neue Formate in neuen Konstellationen

Wie lässt sich das Konzept der langlaufenden Programmmarken nun ins Streaming-Zeitalter übertragen? Einige der qualitativ besten und am meisten gefeierten Serien der Gegenwart sind zwar deutlich mehr als ein Prototyp, widersetzen sich jedoch der zuvor beschriebenen Skalierbarkeit durch ihre geringe Stückzahl. In diesen Sphären ist es nicht unüblich, eine Staffel mit nur sechs bis acht Episoden zu produzieren, im Erfolgsfall eine weitere Staffel gleichen Umfangs nachzulegen und dann spätestens nach der dritten Staffel die Erzählung für beendet zu erklären. Auch die UFA ist in diesem Segment aktiv, etwa mit der *Deutschland*-Trilogie von Anna und Jörg Winger. Diese Form der High-End-Miniserie hat ihre Berechtigung und wird insbesondere von den Nutzern der Streaming-Plattformen weltweit stark nachgefragt. Für das einzelne Produktionsunternehmen dahinter ist das Geschäft sehr viel kleinteiliger geworden. Die Optionen, ein hochwertiges Programm zwischen Free-TV, Pay-TV und Video-on-Demand zu platzieren, vermehren sich rasant. Neue Formate in neuen Konstellationen erweitern die Spielfläche erheblich. Mit dem Blick auf die Kreation echter Programmmarken heißt das aber auch: Produzenten müssen strategisch viel breiter angreifen und brauchen je nach Projekt eine Bandbreite verschiedener Anbieter, die bestimmte Zielgruppen im Fokus haben, zusätzlich zu den großen reichweitenstarken Playern. Serien wie *Charité* oder *Ku'damm*, die alles an Markenpotenzial mitbringen, was ich vorhin beschrieben habe, profitieren nach meiner Überzeugung enorm vom Scheinwerferlicht und der gebündelten Aufmerksamkeit durch ihre Free-TV-Premieren bei ARD und ZDF, wovon dann wiederum die Zweitauswertung in den eigenen Mediatheken oder bei Netflix profitiert. Einzelne Erfolgsbeispiele wie *Stranger Things* oder *House of Cards* zeigen, dass auch reine Streaming-Serien grundsätzlich das Potenzial haben, zu Programmmarken über etliche Jahre zu werden. Ihre national oft schwache Zuschauerreichweite wird durch die globale Reichweite deutlich ausgeglichen. Die allermeisten Titel im Video-on-Demand-Kosmos bleiben diesen Beweis bis auf weiteres schuldig, bilden aber natürlich eine erfreuliche Bereicherung der Genre-Vielfalt und der Erzählwelten jenseits des Mainstreams.

5. SOUVERÄNITÄT
ODER: WARUM BRAUCHT EIN ERFOLGREICHER
KREATIVUNTERNEHMER EIGENE RECHTE?

Wäre ich nicht Produzent, sondern Politiker geworden, dann würde man wohl *Babelsberg 99* als meine entscheidende Rede bezeichnen. Als jenen prägenden Moment, dessen Worte weit über den Tag hinaus erinnert werden. Ich weiß nicht, wie Spitzenpolitiker und deren Redenschreiber die Sache sehen, aber meine Erfahrung ist: Man kann eine solche Wirkung nur bedingt vorausplanen.

Als ich 1999 von den Organisatoren der Internationalen Konferenz für Film- und Fernsehproduktion *Babelsberg 99* als Keynote-Speaker eingeladen wurde, lag mir so einiges auf der Seele, was die Zukunftsfähigkeit unserer Branche anging, deren wirtschaftlicher Status quo gar nicht schlecht war, um deren Entwicklungspotenziale ich jedoch fürchtete. »Ohne Reserven – ohne Risiko?«, überschrieb ich meine Gedanken zu den Perspektiven der deutschen Film- und Fernsehproduktion. Als ich am Vormittag des 27. August vor die Hunderten versammelten Kolleginnen und Kollegen trat, begann ich mit den guten Nachrichten: Unser gemeinsames Produktionsvolumen hatte sich im Laufe des zu Ende gehenden Jahrzehnts von 600 Millionen auf 3,7 Milliarden

D-Mark versechsfacht. Doch damit hielt ich mich nicht lange auf. »Nach wie vor stehen die Produzenten in völliger Abhängigkeit von den großen Fernsehsendern«, fuhr ich fort. »Die Schrauben werden derzeit eher noch fester angezogen. Produzentenleistung wird nach wie vor entlohnt, als gäbe es immer noch das Duopol der öffentlich-rechtlichen Sender, als würde ein Markt faktisch nicht existieren. Bei zunehmendem Risiko bleiben die Produzenten auch weiter ohne Rechte. Fazit: Die Spielregeln zwischen Sender und Produzent sind die des Stärkeren.«

Es war damals nicht unbedingt an der Tagesordnung, diese Diskrepanz so klar öffentlich zu benennen. Schon gar nicht aus der Position des Auftragnehmers heraus. Selbstverständlich war auch ich nicht immer jener souveräne Produzent gewesen, der da 1999 vor die Branche trat und für umfassende Systemänderungen plädierte. Zwei Jahrzehnte zuvor, als ich meine ersten Schritte als junger UFA-Producer tat, war es noch üblich, dass auch Stoffe in den Redaktionen von ARD und ZDF entwickelt und dann erst zur Umsetzung nach draußen an Produktionsfirmen vergeben wurden. Wie ich durch Recherchen erfuhr, kam das herrschende Modell aus dem Straßenbau der 1950er-Jahre: Man vergab öffentliche Mittel, kalkulierte die entstehenden Kosten und gab dem Ausführenden einen festgelegten Aufschlag. Die damals vergleichsweise kleine UFA-Fernsehproduktion war ihrer Zeit insofern voraus, als Werner Mietzner und sein Herstellungsleiter Peter Gerlach, der legendäre spätere ZDF-Unterhaltungschef und Sat.1-Programmdirektor, schon Ende der 1960er-Jahre ein Producer-Modell nach amerikanischem Vorbild eingeführt hatten. Der Producer war demnach so etwas wie ein kreativer Redakteur, der sowohl den Stoff inhaltlich entwickelt als auch dessen Herstellung steuert. Dies folgte der Überzeugung, dass starke kreative Köpfe auf Produktionsseite gefragt sein würden, um sich für den bevorstehenden Wettbewerb um Ideen zu rüsten. Auf breiter Fläche jedoch hatte sich am System der TV-Programmproduktion seit der Frühzeit der Öffentlich-

Rechtlichen nicht allzu viel verändert. Nicht 1979 und auch nicht 1999. Obwohl sich das Programmvolumen durch das Privatfernsehen de facto längst vervielfacht und ein Systemwettbewerb begonnen hatte, zogen es neue wie alte Sender weiterhin vor, uns Produzenten als eine Art verlängerte Werkbank zu betrachten – und nicht als die zentralen Kreativkräfte und Innovationsmotoren, die wir eigentlich längst geworden waren. Das äußerte sich in antiquierten Bezahlungsmodellen ebenso wie in ungleicher Verteilung von Rechten und Risiken.

Inhalte als Erfolgsfaktor

Wenn man sich in das letzte Jahr des vorigen Jahrtausends zurückdenkt, dann konnte man zu diesem Zeitpunkt bereits ahnen, welch disruptive Energie vom Internet und von neuen digitalen Vertriebswegen ausgehen würde. »Die Chance für uns Produzenten!«, sagte ich in meiner Babelsberger Rede. »Denn der Bedarf nach gewünschten Inhalten und die Bedeutung von Programmkreation wird dramatisch steigen.« Ich prophezeite, dass mit der Konvergenz der Distributionswege »nicht mehr die Infrastruktur der Erfolgsfaktor« sei, sondern der Inhalt. »In der multimedialen Zukunft ist das kostbarste Gut nicht mehr die Sendefrequenz, der Engpass ist die Verfügbarkeit unverwechselbarer, hochwertiger Inhalte.« Um diese gewaltige Chance für uns nutzen zu können, zeigte ich den Kolleginnen und Kollegen fünf Arbeitsfelder auf, die meiner Ansicht nach dringendes Engagement erforderten: die Angleichung der Spielregeln – der Terms of Trade zwischen Sender und Produzent – an die Zukunftsentwicklung; die Öffnung alternativer und ergänzender Finanzierungsquellen für Kino- und TV-Produktionen; die Qualifizierung für Programminhalte in den neuen Medien; der Ausbau unserer Marketing- und Markenkompetenz sowie die stärkere Fokussierung auf Kreativität und Talent, Nachwuchsförderung und Ausbildung. »Rethink your business! Erfinden Sie es neu!«, fasste ich meinen Appell zusammen.

Von allen fünf Punkten nahm die Debatte um die Terms of Trade zweifellos am meisten Fahrt auf. In meiner Rede brandmarkte ich das »Auseinanderklaffen von Leistung und Entlohnung«: »Nach wie vor dominiert der Vertragstyp der Festpreisauftragsproduktion mit vollständigem Rechte-Buy-out. Nach wie vor wird dem Produzenten bei diesen Produktionen lediglich ein fixer Handlungskosten- und Gewinnaufschlag zugestanden. Doch die Bedingungen, die diese Positionen in den Gründerjahren des Fernsehens reflektierten, haben sich entscheidend verändert: Dem Produzenten werden heute zusätzliche Risiken in Development und Produktion aufgebürdet. Im ganz anderen Umfang muss der Produzent heute kontinuierlich investieren – in eine personell und finanziell umfangreiche Stoffentwicklung, in das Vorhalten von spezialisierten Spitzenkräften wie Creative Producers und Dramaturgen, in Mitarbeiterqualifizierung und vieles mehr. Für den Sender ein entscheidender Vorteil: Die Produktionsfirmen entlasten als ausgelagerte Kreativzellen seinen Etat. Die Risikoinvestition ist der Produktionswirtschaft aufgebürdet – ohne fairen Ausgleich.« Ich kritisierte das Fehlen jeglicher Anreize: »Durch den vollständigen Rechte-Buy-out wird der Produzent wie ein Zulieferer von Ersatzteilen in der Automobilindustrie behandelt. Am Ende kann ihm seine Idee oder sein Konzept sogar für eine Weiterentwicklung des Senders abgenommen werden. Nach wie vor ist er am Erfolg seines Programms, für den seine kreative Leistung mit ein entscheidender Erfolgsfaktor ist, nicht beteiligt.« Als ich schließlich bei dem Satz »So können wir nicht weitermachen!« angekommen war, meinte ich, in viele zustimmende Gesichter zu blicken.

Ich schlug vor, die Mehrfachverwertbarkeit einer Produktion als Resultat der kreativen Produktionsleistung künftig als Qualitätsparameter zu definieren, der explizit abgegolten wird. Der

Einbehalt der Auslandsrechte und der deutschen Zweitverwertungsrechte sollten eine angemessene Bewertung von Produktionsleistung, Risikoinvestition, Übernahme nicht anerkannter Produktionskosten sowie der Last des Produktionsrisikos darstellen. »Das Bild vom unternehmerischen, risikobereiten Hersteller von Programmen könnte dann Wirklichkeit werden«, unterstrich ich und verwies auf die Erfahrung aus dem US-Markt, wo die übergroße Nachfragemacht der Networks Mitte der 1960er-Jahre medienpolitisch reguliert und die Rolle der Produzenten über die Rechteinhaberschaft an ihren Produktionen gestärkt worden war. Und zwar so wirkungsvoll, dass die amerikanische Aufsichtsbehörde FCC die Regulierung 1995 wieder aufheben konnte.

Rechte-Buy-out als gängiges Modell

Kurzfristig schlugen die Wellen hoch. Mittelfristig konnte ich eine Diskussion anstoßen. Langfristig werde ich auch heute noch gelegentlich auf die Babelsberger Rede von 1999 angesprochen. Leider auch deshalb, weil die Umsetzung der damals genannten Ziele viel zäher verlief, als ich es erhofft hatte, und weil mein konstruktives Zukunftsbild keineswegs vollständig Realität geworden ist. Der Rechte-Buy-out ist als Modell der TV-Auftragsproduktion zwar nicht mehr ganz so dominant wie damals, aber immer noch der Normalfall. Laut Produzentenstudie 2018 von Hamburg Media School und Goldmedia ist der Anteil der Buy-out-Produktionen zwischen 2011 und 2017 bei den öffentlichrechtlichen Sendern von 88 auf 82 Prozent gesunken, bei den privaten von 79 auf 67 Prozent. Der Zug fährt in die richtige Richtung, aber er fährt sehr langsam. Das hat viel mit Gewohnheiten zu tun, sowohl auf Seiten der Sender als auch auf Seiten der Produzenten. Gegenüber Senderchefs und Programmdirektoren habe ich oft und gern darauf hingewiesen: Wir Produzenten leisten für euch das Gros der Entwicklungsarbeit. Wenn wir zehn Projekte entwickeln, verkaufen wir davon am Ende, wenn es gut läuft, zwei oder drei. Auch in die übrigen sieben oder acht, aus denen nichts wird, haben wir Geld und Energie investiert. Diesen Prozess nehmen wir den Sendern also ab, die sich aus unseren Ideen die Rosinen herauspicken können. Genau genommen ist das, was wir gemeinhin eine Produktionsfirma nennen, also gar keine Produktions-, sondern eine Kreationsfirma. Mich hat es immer geärgert, dass die semantische Betonung unseres Berufsstands so einseitig auf der Herstellung, auf der reinen Umsetzung von Ideen liegt, nicht aber auf der Entstehung der Ideen selbst. Wir sind weit mehr als nur die Durchführer. Selbstverständlich muss man als Produzent auch die physische Herstellung seines Produkts beherrschen. Aber die ist nachgeordnet. Was soll man herstellen, wenn man nicht die Kreation vorangestellt hat? Mir ist bewusst, dass diese Frage nicht jedem Kollegen so unter den Nägeln brannte und brennt wie mir. Etliche haben sich im Laufe der Jahre mit der Situation arrangiert, weil sie ihre Auftraggeber nicht verprellen wollten. Eine 2005 gegründete Produktionsfirma mit dem Namen »Producers at Work« wählte als Logo gar einen stilisierten Bauarbeiter mit Helm, der auf den Knien mit seinem Werkzeug hantiert. Weiter weg von meinem Selbstverständnis als Produzent geht es kaum.

Logisch betrachtet, schließt sich hier der Kreis zu meinen Ausführungen über die Eroberung neuer Märkte und den Aufbau von Programmmarken in den vorangegangenen Kapiteln. Für beide Anstrengungen fehlt auf Dauer die wirtschaftliche Motivation, wenn dem Produzenten echtes unternehmerisches Handeln strukturell versagt bleibt. Um es klar zu sagen: Auch der UFA ist es nicht flächendeckend gelungen, Buy-out-Verträge für ihre Produktionen zu vermeiden – aber doch häufiger und konsequenter als den meisten anderen Produzenten. Grundsätzlich gilt die schlichte Wahrheit: Verfügt man über ein Produkt, das ein Abnehmer – oder besser noch: mehrere – unbedingt haben will, fallen die Verhandlungen über Rechte leichter. Unsere Strategie, gezielt große Marken zu kreieren, zahlte sich dabei immer wieder aus. Dank starker Markenbildung konnten wir uns in Verhandlungen anders positionieren. Das galt zuvorderst für die Daily-Drama-Formate der UFA Serial Drama, der früheren Grundy UFA. Hier verfügten wir über eine derart einzigartige Marktposition, dass wir den Sendern gar keine Auftragsproduktionen, sondern nur Lizenzverträge anboten. Was das bedeutet, lässt sich am plakativsten am Beispiel *Gute Zeiten, schlechte Zeiten* erklären. Die quantitativen Erfolgsdimensionen der allerersten deutschen Daily Soap habe ich ja bereits zuvor gestreift. Um die Jahrtausendwende herum erbrachte GZSZ, alle Haupt- und Nebenerlösströme zusammengerechnet, rund 200 Millionen Euro Umsatz im Jahr. Darin enthalten waren nicht nur die Werbeeinnahmen, die RTL als Sender im Umfeld der Ausstrahlung erzielte, sondern auch ein umfassendes Musikgeschäft unter der Marke ›GZSZ‹, das jährlich zwischen sieben und acht Millionen Tonträger an die Fans brachte, eine GZSZ-Zeitschrift mit 500.000 verkauften Exemplaren pro Monat, zahlreiche Bücher sowie ein eigenes Online- und E-Commerce-Portal. RTL erwarb von uns eng eingegrenzte Ausstrahlungsrechte für die TV-Erstverwertung. Für alle weitergehenden Rechte gründeten wir eine gemeinsame Gesellschaft mit RTL, die die Vermarktung dieser begehrten Programmmarke steuerte. Die Konstruktion hat sich über die Jahre im Detail mehrfach verändert, weil etwa physische Tonträger irgendwann weniger relevant wurden, kostenpflichtige Online-Previews neuer Episoden vor der TV-Ausstrahlung dafür umso mehr. An alldem hätten wir nicht partizipiert, wenn wir GZSZ per Buy-out an den Sender verkauft hätten.

Diese für uns reizvolle Rechtesituation führte sogar dazu, dass wir von Oktober 2006 bis Dezember 2014 stolzer Mitbetreiber eines TV-Senders waren. Im Joint Venture mit RTL starteten wir den

Pay-TV-Kanal Passion, der es uns ermöglichte, unsere Programm-rechte in der digitalen Welt weiterzuverwerten und neue Ge-schäftsmodelle zu eruieren. Für uns als Produktionsunterneh-men, das sonst ausschließlich im Business-to-Business-Geschäft tätig war, bot Passion erstmals ein Outlet, mit dem wir unsere Endkunden direkt ansprechen konnten. An den Abonnement-Entgelten der Pay-TV-Plattformen waren wir prozentual betei-ligt. Für mich stand Passion damit im Zentrum einer Zukunfts-strategie als Vorgriff auf den anzustrebenden Idealzustand, dass Programmkreateure im Zeitalter minimaler Distributionskosten ihre Inhalte selbst zum Nutzer bringen. Das Programm – ganz auf Liebhaber von Soaps und Telenovelas zugeschnitten – speis-te sich aus drei verschiedenen Quellen: aktuelle Folgen von GZSZ, *Unter uns* und *Alles was zählt,* an denen RTL und UFA gemeinsam die Rechte hielten; alte Folgen aus den frühen Jahren von *Verbo-tene Liebe,* an denen wir die Rechte hielten; und deutsche Erstaus-strahlungen lateinamerikanischer Telenovelas wie beispielswei-se *Ruby* aus Mexiko, für die wir gemeinsam die Rechte erwarben. Ich gebe gern zu, dass mir Passion nicht nur als Geschäftsmodell für die UFA gefiel, sondern auch als willkommenes Symbol für die Augenhöhe zwischen Produzent und Broadcaster. Entsprechend war ich einigermaßen enttäuscht, als ich gegen Jahresende 2014 mit der Entscheidung unseres Gesellschafters Fremantle kon-frontiert war, dass im Zuge einer übergeordneten Transaktion unser Anteilsverkauf an RTL Television beschlossen worden war. RTL übernahm also unsere 49,6 Prozent an Passion und benannte den Sender alsbald in RTL Passion um. Immerhin – das ist mein Trost – kommen die Lizenzgebühren für das ausgestrahlte Pro-gramm bis heute der UFA zugute.

Trotz dieses Rückschlags bin ich weiterhin davon überzeugt, dass die Rolle des Programmproduzenten in der digitalen Welt der Strategie folgen muss, eigene Streaming-Produkte mit selbst kreierten Programmen und den daraus zurückgehaltenen Programmrechten über Partner oder eigene Plattformen anzubieten und damit auch direkte Kundenbeziehungen zu etablieren. Mit einer App namens »UFA Film«, die wir zusammen mit der Telekom aus Anlass des 100-jährigen Jubiläums der UFA auf deren Plattform EntertainTV betrieben, erprobten wir ein weiteres Mal diesen Weg. Das Angebot bestand aus historischen Filmen aus den Rechtebeständen der Murnau-Stiftung und der UFA, die per Subscription-Video-on-Demand (SVoD) abrufbar waren. Meine Vision, dass der Produzent als Inhaltekreateur auf vielfältige Art und Weise seine Programmleistung zum Zuschauer bringt und dabei unterschiedliche Geschäftsmodelle nutzt, konnte ich also während meiner Zeit als CEO der UFA nicht so umfassend realisieren, wie ich es erhofft hatte. Das bleibt meinen Nachfolgern als Aufgabe hinterlassen.

6. GRÜNDERGEIST ODER: WIE FINDET MAN DEN RICHTIGEN RAHMEN FÜR EXPANSION UND DIVERSIFIKATION?

Nach einer einjährigen Übergangszeit, in der ich gemeinsam mit meinem Vorgänger Werner Mietzner die Leitung innehatte, übernahm ich im Sommer 1991 die alleinige Führung der UFA als CEO bei einem Jahresumsatz von etwa 28 Millionen D-Mark. Verglichen mit einer Bavaria Film, Studio Hamburg und erst recht den Produktionsaktivitäten der Kirch-Gruppe waren wir damals ein kleiner Laden. 15 Jahre später hatten wir mehr als das Zwanzigfache des Geschäftsvolumens erarbeitet und unsere Wettbewerber weit zurückgelassen. Die Marktführerschaft unter den Programmproduktionsunternehmen hat die UFA bis heute gehalten. Dazwischen standen mehrere Häutungen, die notwendig waren, um der Expansion und den jeweiligen Marktbedürfnissen Rechnung zu tragen. Wie immens das Privatfernsehen mit seinen neuen Genres den deutschen Markt in den 1990er-Jahren öffnete, habe ich schon beschrieben. Für uns ergab sich daraus ein Luxusproblem: Egal, wie viele zusätzliche Mitarbeiter wir einstellen würden – die Programmnachfrage, die ja dynamisch durch das Hinzukommen der werbefinanzierten Sender gewachsen war, aus einer einzigen Firma heraus bedienen zu wollen, würde nicht mehr funktionieren. Wir waren plötzlich mit einer derartigen Vielfalt völlig unterschiedlicher Programmbedürfnisse bei den Sendern konfrontiert, dass dies mit einem Team nicht mehr zu bewältigen war.

Wir sprechen ja heutzutage gern von einer gewaltigen Disruption unseres Marktsegments, die durch die digitale Transformation ausgelöst wurde. Wenn man allerdings die zusätzlichen Programmvolumina der Streaming-Dienstleister wie Netflix oder Amazon hinzurechnet, ergibt sich bislang ein Marktwachstum von maximal fünf bis zehn Prozent für die gesamte Branche. Die damalige Entwicklung Anfang der 1990er-Jahre brachte eine Vervielfachung des Marktvolumens und damit eine ganz andere Dimension der Herausforderung mit sich. Nicht nur von der kreativen Anforderung her, sondern auch unter dem Gesichtspunkt der Glaubwürdigkeit. Die Behauptung »Meine Leute können alles« hätte man mir zwischen Filmen, Primetime-Serien, Daily Soaps, großen Shows, Comedy und Dokutainment wohl kaum abgenommen. Mir wurde schnell klar, dass der Aufbau spezialisierter Teams für die jeweiligen Anforderungen die einzig richtige Reaktion wäre. Die neue Vielfalt der Programmbedürfnisse – bei den Sendern wie auch bei den Zuschauern – sollte in der UFA eine Antwort finden. So wie sich die neue Grundy UFA auf das junge, aber stark wachsende Programmfeld Daily Drama konzentrierte, mit australischer Unterstützung die Besten ihres Fachs versammelte und Hunderte von Spezialisten ausbildete, wollte ich auch in anderen Genres vorgehen. Aus den Erfahrungswerten der Grundy UFA entstand nach und nach eine Unternehmensstruktur mit starken, profilierten, eigenständigen Labels. Gegen Ende meiner ersten Dekade als CEO hatte ich in dieser Hinsicht mein Ziel erreicht: Die UFA war eine Dachmarke geworden, unter der sich klar positionierte Genre-Labels ausbreiten konnten, die sich komplementär bezüglich der Marktnachfrage ergänzten.

Keiner im Produktionsmarkt konnte Casting-, Game- und Quiz-Shows so gut wie Grundy Light Entertainment, die heutige UFA Show & Factual, die im Jahr 2000 durch die Fusion von CLT-UFA und Pearson Television zur RTL Group unter unser Dach kam und seither von Ute Biernat, der erfahrensten Entertainment-Produzentin Deutschlands, geführt wird. Innerhalb der ersten zwei Jahre katapultierten *Das Quiz mit Jörg Pilawa* und *Deutschland sucht den Superstar* das Label in die Liga der hochvolumigen Blockbuster-Produzenten. Ebenfalls im Nonfiktionalen, allerdings mit Schwerpunkt auf Infotainment, Factual Entertainment und Reality, operierte die UFA Entertainment, die später auch in der UFA Show & Factual aufging. Sie war aus dem früheren Jugendfunk des DDR-Fernsehens, Elf 99, heraus entstanden, an dessen Privatisierung wir uns Ende 1991 beteiligt hatten. Unser Kernlabel unter dem ursprünglichen Namen UFA Fernsehproduktion bzw. UFA Filmproduktion, geleitet von Norbert Sauer, stand für langlaufende Krimiserien und -reihen wie *SOKO 5113*, *SOKO Leipzig* oder *Ein starkes Team* sowie für renommierte Event-Movies wie *Die Frau vom Checkpoint Charlie* oder *Die Gustloff*. Das 1998 gegründete Label teamWorx, auf das ich gleich noch näher eingehe, führte unsere Ambitionen im High-End-Drama – von uns damals ›Kino fürs Fernsehen‹ genannt – auf ein neues Niveau mit viel beachteten Stücken wie *Der Tunnel*, *Die Luftbrücke*, *Dresden* oder *Die Flucht*. Die Phoenix Film unter Leitung von Markus Brunnemann, die wir 2002 mehrheitlich übernahmen, war auf fiktionales Family Entertainment à la *Unser Charly* oder *Hallo Robbie!* sowie Dramedy-Serien wie *Edel & Starck* oder *Danni Lowinski* spezialisiert. Auf dem Höhepunkt der Label-Struktur hatte die UFA-Gruppe bis zu zehn verschiedene kreative Einheiten, zu denen zwischenzeitlich auch die Trebitsch Produktion Holding (*Bella Block*, *Donna Leon*) und Holm Dresslers HDTV Entertainment (*Millionär gesucht! – Die SKL Show*) zählten. Später kamen noch die UFA Cinema für große Kinofilme und das UFA Lab für neuartige digitale Programmformate hinzu. Jedes einzelne dieser Labels war klar auf spezifische Marktchancen hin fokussiert.

Interner Wettbewerb zwischen den Labels

Spezialisierung hatte in dieser Phase der Marktentwicklung einen klaren Wert – nicht nur in kreativer, sondern auch in geschäftlicher Hinsicht. Ich merkte, dass unsere Spezialisierung als schlagendes Verkaufsargument bei den Sendern fruchtete. Also lautete meine stetige Botschaft an Sender- und Programmchefs: Wenn ihr mit der UFA und ihren spezialisierten Labels für bestimmte Programmgenres zusammenarbeitet, dann minimiert das euer Risiko des Scheiterns. Wir konnten natürlich vorab keinen Superhit garantieren, aber wir konnten guten Gewissens sagen: Das Risiko wird mit uns geringer und die Wahrscheinlichkeit des Erfolgs höher. Das war oftmals ein überzeugendes Argument. Ein begrenzter interner Wettbewerb zwischen den Labels um Sendeplätze und Programmbudgets war dabei durchaus in meinem Sinn. Auch wenn die Teams nach ihren spezialisierten Kompetenzen aufgestellt waren, kämpften sie mitunter doch um dieselben Etats. Diesen vermeintlichen Macchiavellismus musste ich mir gelegentlich vorwerfen lassen. Ein Vorwurf, mit dem ich gut leben konnte. Im Wettbewerb um Aufträge, Budgets und Sendeplätze hatte ich nämlich mehr potenzielle Gewinner im Spiel als jeder andere. Das war ohne Frage zum strategischen und wirtschaftlichen Vorteil der ganzen Gruppe. Wir bekamen im Durchschnitt häufiger den Zuschlag als unsere Wettbewerber.

Kennzeichnend für die wachsende Struktur der UFA war in aller Regel das Prinzip des organischen Wachstums. Die Akquisition einer bereits bestehenden Firma wie im Fall Phoenix Film war die absolute Ausnahme. Meine Entscheidung fiel letztlich aufgrund des besonderen Talents des Nachwuchsproduzenten Markus Brunnemann – eines Vertreters einer neuen kreativen

Generation. Insofern achtete ich immer darauf, vielversprechende Talente im Markt zu identifizieren und an die UFA zu binden. In diesem Zusammenhang hatte ich die wohl schicksalhafteste Begegnung im Winter 1997. Auf Vermittlung einer gemeinsamen Freundin, der Schauspielerin Ute Willing, traf ich zum ersten Mal den gefeierten Regisseur Nico Hofmann, der heute nicht nur ein enger Freund, sondern auch mein Nachfolger als CEO der UFA ist. Obwohl er für die UFA Fernsehproduktion bereits *Balko* und *Der Sandmann* gedreht hatte, waren wir uns nie begegnet. Sein Ansprechpartner war immer mein Kollege Norbert Sauer gewesen. Nico, damals 38, steckte unglücklich in einem Exklusivvertrag als Regisseur bei der Constantin Film. Obwohl er eigentlich mit Bernd Eichinger eng befreundet war, ergab es sich wie häufig in solchen Exklusivvereinbarungen ohne klare inhaltliche Planung, dass das Projekt, welches den einen interessierte, für den anderen zweitrangig war und umgekehrt. Es gab also allenfalls Freundschaftsdienste, um das Projekt des jeweils anderen zu realisieren. Wir unterhielten uns lange über die Nachteile derartiger Exklusivdeals und kamen zu dem Ergebnis, dass die Chancen auf eine glückliche Beziehung umso größer sind, je mehr unternehmerische Verantwortung das Talent für das Ganze trägt. Nico neigte ohnehin dazu, die Regiearbeit zu reduzieren und sich stärker als Produzent zu betätigen. Er hatte dazu Vorstellungen, für die er einen Partner suchte, und ziemlich genaue Pläne, die er mir beim Abendessen in der Berliner Paris-Bar darlegte. Seine offene, neugierige, leidenschaftliche Art begeisterte mich auf Anhieb. Auf einer Serviette formulierten wir den Beschluss, eine gemeinsame Firma zu gründen. Nico selbst hat den Abend in seinem Buch *Mehr Haltung, bitte* so beschrieben: »Ich saß also Wolf Bauer gegenüber und war auf einen langen Prozess des Abwägens und zähen Ringens eingestellt. Aber Wolf Bauer hörte sich in diesem ersten Gespräch sehr ruhig meine Ausführungen an und sagte dann, ohne mit der Wimper zu zucken: ›Ja, dann machen Sie es mit uns.‹« Obwohl keiner von uns beiden zu diesem Zeitpunkt wissen konnte, ob sich unsere ehrgeizigen Ziele in die Praxis umsetzen lassen würden, zögerte ich tatsächlich nicht. Mein Instinkt und meine Menschenkenntnis sagten mir, dass eine historische Chance vor uns lag. »Wolf Bauer wusste, warum er Nico Hofmann an seiner Seite haben wollte«, brachte es Bundespräsident Frank-Walter Steinmeier in schmeichelnden Worten zum 100-jährigen UFA-Jubiläum im September 2017 auf den Punkt, nachdem er Nico zu Recht für seine »ganz eigene, radikal subjektive Art« gewürdigt hatte, uns durch Fernsehereignisse wie *Unsere Mütter, unsere Väter* mit unserer Geschichte zu konfrontieren.

Start von teamWorx

Ganz so glamourös war die Startphase von teamWorx allerdings nicht. Ein halbes Jahr nach unserem Dinner in der Paris-Bar machte Nico sich zusammen mit seinen ebenfalls hochtalentierten Mitgründerinnen Bettina Reitz, Doris Zander und Ariane Krampe sowie meinem UFA-Team daran, das junge Start-up unter dem Dach der UFA aufzuziehen. Die UFA hielt zu Beginn 75,1 Prozent der Anteile an teamWorx, die restlichen 24,9 Prozent teilten sich Nico und die drei Partnerinnen. 100 Prozent der anfallenden Aufbaukosten und das gesamte Investitionsrisiko trug die UFA. Wir hatten einen Businessplan für die ersten drei Jahre verabredet. Ehe die neue Tochter jedoch im Jahr 2000 mit dem zwölf Millionen D-Mark teuren Sat.1-Zweiteiler *Der Tunnel* ihr künftiges Renommee für zeitgeschichtliche TV-Events begründete, gingen sehr viel Klinkenputzen und eine Handvoll TV-Movies für RTL voraus. Marc Conrad, damals Programmdirektor von RTL, wollte aus Interesse an dem neuen Kreativteam auf teamWorx setzen und vergab eine Reihe von kleineren Aufträgen. Mehr als einmal musste ich die anspruchsvolle Investitionsphase vehement vor meinem Gesellschafter vertreten. FremantleMedia – und bis 2000 ihr Vorgänger CLT-UFA – hatte damals in anderen Ländern noch nicht viel mit hochwertiger Fiction am Hut, und so war es durchaus ein Kampf, die kostspielige Tochter am Leben zu halten. Während dieser ruckeligen Anfangsjahre musste ich Nico einmal sogar eine Abmahnung schicken, weil teamWorx zum dritten Mal in Folge das verabredete Ergebnisziel nicht erreicht hatte. Die Firma lag damit tiefer in den roten Zahlen als geplant. Trotzdem hielten wir durch. Der absehbare Qualitäts- und Renommeebeitrag war in meinen Augen nicht hoch genug einzuschätzen. Nico belohnte unser Durchhaltevermögen. Sein einzigartiges Talent, Fernsehereignisse groß zu machen, sie mit öffentlicher Aufmerksamkeit und gesellschaftlicher Debatte zu verknüpfen, sollte neben seinem untrüglichen Gespür für Stoffe nicht nur die Arbeit von teamWorx prägen, sondern bald auch auf die UFA als Ganzes abstrahlen.

Bei den Fürsten Hollywoods

Wenn ich gerade eben den Gesellschafter erwähnt habe, dann gehört es zur Struktur der UFA zwingend dazu, auch ihre internationale Anbindung zu betrachten. Als Tochter des weltweit aufgestellten Produktionshauses Fremantle, welches wiederum zur RTL Group und damit mehrheitlich zu Bertelsmann gehört, trägt die UFA ihre globale Vernetzung quasi in der DNA – in dieser Struktur seit der Jahrtausendwende. Der Weg dorthin war von verschiedenen Internationalisierungsbestrebungen gekennzeichnet – von kleineren wie meiner frühen UFA International und von ganz großen, ehrgeizigen. Ich war noch keine drei Jahre Geschäftsführer, als Bertelsmann die Ambition entwickelte, ein großes Hollywood-Studio zu kaufen, um dadurch eine weltweite Führungsrolle in der Film- und Fernsehproduktion einzunehmen. Weil mein Erfahrungs- und Kompetenzhintergrund aus

Gütersloher Perspektive am nächsten dran war und ich einen regelmäßigen Austausch mit US-Partnern pflegte, wurde ich hinzugezogen. Über Monate flogen wir immer wieder heimlich nach Los Angeles, um vertrauliche Gespräche mit sämtlichen Studios zu führen. Manfred Lahnstein, damals Bertelsmann-Vorstand für Elektronische Medien, und Bernd Schiphorst, Chef der Ufa Film- und Fernseh-GmbH in Hamburg, in der Bertelsmann seinen Sportrechtehandel sowie seine Film-, Fernseh- und Radiobeteiligungen gebündelt hatte, führten die Delegation an. Als Vermittler und Kontaktmann zu den Top-Führungsteams der amerikanischen Major-Studios engagierten wir Michael Pompadour, einen M&A-Experten, der in der Hollywood-Community gut vernetzt war. Tatsächlich wurden wir von allen Seiten hofiert und aufs Herzlichste empfangen. Natürlich schielten unsere Gesprächspartner immer nur auf unser Bestes – unser Geld – als dringend gebrauchte Investition in die jeweiligen Blockbuster-Budgets. Die Fürsten Hollywoods wie der legendäre Lew Wasserman von Universal und sein COO Sid Sheinberg, der damalige Paramount-Chef Barry Diller und alle anderen Studiobosse hielten ausführliche Konferenzen mit uns ab. Sogar James Cameron, der damals schon seine *Titanic* in der Entwicklungspipeline hatte, wollte uns als Partner für seine Produktionsfirma Lightstorm Entertainment. Nach unzähligen Meetings und noch mehr Kopfzerbrechen endete die Initiative mit der Entscheidung, dass Bertelsmann doch kein Studio kaufen würde. Abschreckend wirkte vor allem das Beispiel von Sony. Der japanische Elektronikkonzern hatte 1989 Columbia Pictures übernommen und damit in den ersten Jahren Milliarden verloren, ohne das Hollywood-Geschäft wirklich unter Kontrolle zu bekommen. Das Ergebnis war in meinem Sinn, weil ich einen viel näher liegenden, allerdings auch sehr viel bescheideneren und kostengünstigeren Weg zur Internationalisierung vor Augen hatte.

Durch meine intensive Zusammenarbeit mit den australischen Partnern bei Grundy UFA erfuhr ich im Laufe des Jahres 1994, dass Firmengründer Reg Grundy, damals 71 Jahre alt, sich mit dem Gedanken trug, seinen Konzern Grundy Worldwide zu veräußern. Das Unternehmen war international in vielen wichtigen Fernsehmärkten mit wertvollen Formatrechten und Produktionen, vor allem Daily Soaps und Gameshows, präsent. Für Bertelsmann wäre es der perfekte Einstieg ins globale Produktionsgeschäft, davon war ich überzeugt. Also brachte ich eine entsprechende Vorlage in den Bertelsmann-Vorstand ein, die von Entertainment-Vorstand Michael Dornemann unterstützt wurde. Als der Vorstand tagte, saßen wir in New York im 44. Stock des Bertelsmann Building am Times Square und vertraten unsere Initiative via Videokonferenz gegenüber dem in Gütersloh versammelten Vorstand. Das Ganze scheiterte letztlich am Preis. Reg Grundy wollte 200 Millionen Dollar für seine Firma haben, die zugleich sein Lebenswerk war. Mark Wössner, der Vorstandsvorsitzende von Bertelsmann, wollte trotz meines Zuredens nicht mehr als 165 Millionen bieten, was Grundy ablehnte. Fünf Monate später verkaufte er dann für 279 Millionen Dollar an den britischen Pearson-Konzern, der nicht nur die *Financial Times* herausgab und den Buchverlag Penguin besaß, sondern mit Thames TV auch die seinerzeit größte senderunabhängige Produktionsfirma Großbritanniens betrieb. Für uns eine verpasste Chance, die dazu noch vergleichsweise preisgünstig gewesen wäre. Medienkenner werden sich erinnern, dass Bertelsmann im Jahr 2000 schließlich Pearson Television – mittlerweile mit Grundy als größtem Brocken – übernahm und dafür den Gegenwert von 22 Prozent der Anteile an der neuen RTL Group bezahlte. Deren damaliger Börsenwert lag weit über 20 Milliarden Euro. Als Bertelsmann diese 22 Prozent später zurückkaufte, kosteten sie aufgrund des Kursverfalls durch die Korrektur der Börsenblase zwar

›nur‹ noch 1,5 Milliarden Euro. Dennoch ging mir durch den Kopf: »Das hätten wir günstiger haben können.«

Greg Dyke, der Pearson TV als CEO zusammengebaut hatte und mit dem ich mich gut verstand, verließ leider das Unternehmen und übernahm eine andere Aufgabe. Ewald Walgenbach, Chief Operating Officer der RTL Group, fragte mich etwas später, als es um die Integration von Pearson TV und die Fusion der Produktionsgeschäfte mit der UFA ging, welche Rolle ich in dem nun viel größeren Gebilde übernehmen wolle. Der Plan in seinem Hinterkopf sah so aus, dass ich der neue Produktionschef des Konzerns hätte werden sollen – neben der UFA in Deutschland also auch für alle internationalen Produktionsaktivitäten verantwortlich, die unter dem Namen FremantleMedia zusammengefasst wurden. Ich fühlte mich zwar geschmeichelt, zögerte aber nicht lange mit meiner Antwort: Das war definitiv nicht Teil meines Lebensplans. In einem solchen Amt wäre ich ein für alle Mal Lichtjahre vom operativen Programmmachen entfernt gewesen. Ganz abgesehen davon, dass es mich auch nicht dauerhaft nach London, den Hauptsitz von Fremantle, zog. Walgenbach erwies sich als zäher Verhandler. Er versuchte mich bei der Ehre zu packen. Immerhin sei ich doch der große Befürworter der Grundy-Übernahme gewesen, die es nun zu integrieren gelte. Sein Kompromissvorschlag, zu dem ich mich schließlich überreden ließ: Ich sollte zumindest die Verantwortung für Kontinentaleuropa übernehmen. Man könnte mit Fug und Recht behaupten, ich hätte es besser wissen müssen. Denn natürlich führte mich diese Zusatzaufgabe – CEO Continental Europe – ein Stück weiter weg vom Programm, und ich hatte nun auch noch einen Fremantle-Chef über mir, an den ich berichten musste. Da ich dankend abgelehnt hatte, wurde der bisherige Geschäftsführer der US-Tochter von Pearson TV, der Brite Tony Cohen, CEO der neuen Konzernsäule. Dass ein Vorgesetzter sich detailliert mit mir über meine Programme und meine Aufstellung der UFA auseinandersetzen wollte, war gänzlich neu für mich. Ich hatte plötzlich nicht mehr die volle Autonomie, wie ich sie bei Bertelsmann gewohnt war und genossen hatte. Wie ich meine Führungsrolle fortan neu definierte und warum es ab 2012 an der Zeit war, die alten UFA-Labels zu zerschlagen, ist Stoff für spätere Kapitel. Zuvor möchte ich auf den wesentlichen Kern meiner Bemühungen als Unternehmenslenker eingehen, dem ich zu jedem Zeitpunkt die Struktur anzupassen versuchte – nämlich dem bestmöglichen Management von Kreativität und Innovation.

7. INNOVATION
ODER: WIE HÄLT MAN DEN BRUNNEN
DER IDEEN AM SPRUDELN?

Lassen Sie uns über *Toy Story* und *Findet Nemo* sprechen. Oder besser gesagt: über die Macher dahinter. Animation ist eines der wenigen Genres, mit denen ich selbst beruflich nicht in Berührung gekommen bin. Aber ich liebe diese Filme. Und ich bewundere ihre Produktionsfirma, das Animationsstudio Pixar – für mich eines der kreativsten und innovativsten Unternehmen unserer Branche. Aus diesem Grund habe ich Pixar im Laufe der Jahre eingehend studiert. Ich wollte das Erfolgsgeheimnis der Disney-Tochter möglichst genau verstehen. Vielleicht, dachte ich mir, kann ich das eine oder andere Element davon kopieren. Im Herzen des Ideenmanagements à la Pixar steht der sogenannte ›braintrust‹, dessen Ziel es ist, kreative Exzellenz zu fördern und Mittelmaß auszuschließen. Diese Gruppe von Producern, Entwicklern, Autoren, Regisseuren und anderen mit Fragen des Storytelling befassten Mitarbeitern trifft sich seit der Produktion von *Toy Story 2* im Jahr 1999 regelmäßig alle paar Monate. Ed Catmull, langjähriger President von Pixar, beschreibt die Prämisse hinter dem Braintrust in seinem Buch *Creativity, Inc.* wie folgt: »Versammle smarte, leidenschaftliche Menschen in einem Raum, betraue sie damit, Probleme zu finden und zu lösen, und ermutige sie, ehrlich zueinander zu sein.« Radikale Offenheit, so Catmull, sei das essenzielle Merkmal: ohne diese Offenheit kein Vertrauen und ohne Vertrauen keine kreative Zusammenarbeit. Die Angst, vor der Gruppe etwas vermeintlich Dummes zu sagen, einen Kollegen mit Kritik zu verletzen oder selbst verletzt zu werden, übe eine starke Beharrungskraft aus, die es immer wieder aufs Neue zu besiegen gelte.

Es liegt in der Natur unseres kreativen Schaffens, dass wir inmitten eines komplexen, herausfordernden Projekts manchmal die Orientierung verlieren. Um leidenschaftlich kreieren zu können, müssen wir uns den Stoff so zu eigen machen, dass wenig bis gar keine Distanz mehr bleibt. Da besteht mitunter die sprichwörtliche Gefahr, den Wald vor lauter Bäumen nicht zu sehen. Diese Erfahrung kann Kreative durchaus überwältigen und sie daran hindern, eine notwendige Richtungsentscheidung für ihr Projekt zu treffen. Um in einer solchen Situation ein Filmprojekt »from suck to not-suck« zu bringen, also in Catmulls Wortwahl von grottenschlecht zu nicht mehr grottenschlecht, muss der Braintrust im Hause Pixar auch Probleme offenlegen, die der Filmemacher selbst gar nicht sieht. Dieses Vorgehen unterscheidet sich deutlich vom klassischen Hollywood-Feedbacksystem, bei dem Studiomanager in der Regel ihre ›notes‹, also kritischen Anmerkungen, in verschiedenen Entwicklungsstadien schriftlich an Autoren und Regisseure schicken. Der Braintrust hingegen tut dies erstens im persönlichen Austausch und zweitens ausschließlich unter Kreativen, unter Storytellern, die im Zweifelsfall selbst schon eine ähnliche Erfahrung mit ihren eigenen Projekten durchgemacht haben. Und noch etwas ist grundlegend anders als beim Top-Down-Ansatz mächtiger Filmstudios: Pixars Braintrust hat keinerlei Weisungsbefugnis. Die Filmemacher bekommen Empfehlungen und können nach der Sitzung selbst entscheiden, wie sie mit dem Feedback umgehen. Catmull zieht den Vergleich zum »Peer-Review« in der akademischen Welt, wo die Forschungsergebnisse von Professoren durch Kollegen aus ihrem Feld evaluiert werden: »Ich betrachte den Braintrust gern als Pixars Version des Peer-Review, als ein Forum, das sicherstellt, dass wir uns steigern – nicht durch Vorschriften, sondern durch Offenheit und eingehende Analyse.«

Pixar als Vorbild

Ich bin von diesem System begeistert, weil es im Fall von Pixar ganz offensichtlich Großes hervorbringt. Eins zu eins auf die UFA übertragen haben wir es dennoch nicht. Dazu sind die konkreten Anforderungen und Marktbedingungen dann doch zu verschieden. Zu den Hauptunterschieden zählt sicherlich, dass die UFA anders als Pixar nicht nur in einem, sondern in mehr als einem Dutzend verschiedener Film- und Fernsehgenres tätig ist – und dass wir uns in aller Regel nicht mit den jahrelangen Entwicklungszeiten eines Hollywood-Animationsblockbusters vergleichen können. Auf der Suche nach Inspiration habe ich auch in alle möglichen anderen Branchen geschaut, habe den Austausch mit Werbeagenturen, Unternehmensberatungen, Konzernen der Automobil-, Pharma- und Konsumgüterindustrie oder mit disruptiven Digital-Start-ups gesucht. Gelernt habe ich von allen etwas. Die Bereitschaft und die Fähigkeit zur Innovation gelten heute als Schlüsselkriterium in Wirtschaft und Gesellschaft – das haben wir in der Kultur- und Kreativindustrie längst nicht mehr als Besonderheit für uns. Umgekehrt ist es schlechterdings unmöglich, kontinuierlich 2.000 Stunden Programm pro Jahr zu liefern, wie die UFA es tut, wenn man keine funktionierenden Kreations- und Innovationsprozesse im Unternehmen verankert hat. Die Betonung liegt hier für mich auf dem Wort ›Prozesse‹. Was wir in der Größenordnung einer UFA tun, muss unabhängig davon sein, ob eine geniale Einzelperson unter der Dusche eine Idee hat oder nicht. Erst dann kann es zum Wettbewerbsvorteil gegenüber anderen Firmen werden, die solche Prozesse nicht etabliert haben, sondern sich darauf verlassen, dass einzelne Producer oder Autoren immer wieder gute Ideen anschleppen.

Bevor ich auf die Maßnahmen und Werkzeuge eingehe, die wir bei der UFA während meiner Geschäftsführung eingeführt und praktiziert haben, möchte ich vorausschicken, dass ich drei verschiedene Felder sehe, auf denen ein Programmunternehmen seine Kreativität und Innovationskraft einsetzen muss. Die Kreation vollkommen neuer Ideen und Formate, die es so zuvor noch nicht gab, ist nur eines dieser drei Felder. Hierfür gilt die prägnante Definition der Stanford-Professorin und Leiterin des Stanford Technology Venture Programs, Tina Seelig: »Kreative Ideen sind neu für dich. Innovationen sind neu für die Welt.« Vor allem aber heißt Innovation in unserem Metier für mich: die Entwicklung einer bisher unerkannten Programmidee, eines neuen innovativen Angebots, das auf Bedürfnisse von Zuschauern oder Konsumenten trifft und so stark überzeugt und begeistert, dass diese Innovation im Markt erfolgreich eingeführt werden kann. Wer als Erster ein neues Genre wie Daily Drama oder Telenovela in einen Markt einführt, der das bisher nicht kannte, wer eine völlig neue Form von Talentshow erfindet oder wer die emotional-dramatische Auseinandersetzung mit der eigenen Historie als massenwirksames Event kreiert, der darf sich guten Gewissens als Innovator einstufen.

Doch mindestens genauso wichtig – wenn nicht sogar in der Breite der alltäglichen Beschäftigung noch wichtiger – sind die anderen beiden Felder: die Adaption bestehender internationaler Formate für den eigenen lokalen Markt unter sorgfältiger Beachtung soziokultureller Unterschiede sowie die Optimierung und Weiterentwicklung der laufenden Programmmarken mit dem Ziel, die Attraktivität für die Zuschauer zu erhalten oder sogar zu steigern, um damit den Lebenszyklus der Marke zu verlängern. Deren zentralen Stellenwert habe ich ja bereits erläutert.

Was nun die Adaption betrifft, habe ich häufig die Erfahrung gemacht, dass Aufwand und kreative Leistung dahinter gnadenlos unterschätzt werden. Nur weil es eine australische Formatvorlage für *Gute Zeiten, schlechte Zeiten* gab, heißt das eben nicht, dass die deutschen Autoren weniger Arbeit bei der Entwicklung von Charakteren, Storylines und Dialogen gehabt hätten. Und obwohl Fremantle vor *Deutschland sucht den Superstar* schon *Pop Idol* in Großbritannien und *American Idol* in den USA produziert hatte, galt es für uns in Deutschland immer noch eine substanzielle kulturelle Übersetzungsleistung zu erbringen. Nehmen wir als Beispiel die kreative Entscheidung, dass die Jury bei uns mit einem Dieter Bohlen als Galionsfigur musikalische Leistungen der Kandidaten nicht mit der gleichen Ernsthaftigkeit wie im Originalformat bewerten sollte. Das war kein Zufall, sondern dem Umstand geschuldet, dass Popkultur hierzulande nicht den gleichen Rang genießt wie im angelsächsischen Raum und dass wir dementsprechend auch ein viel geringeres Ausmaß an popmusikalisch talentiertem Nachwuchs vor uns hatten. Das beste Format würde scheitern, wenn man solche soziokulturellen Andersartigkeiten bei der Adaption ignorierte. DSDS gelang es, mit weniger guten Leistungen und geringerem Talentpotenzial dennoch ein unterhaltsames Casting-Programm zu gestalten, indem es stärker als seine Vorlage dazu tendierte, die interessantesten Persönlichkeiten oder Lebensgeschichten in den Vordergrund zu stellen. Genau das hat man uns ja oft vorgeworfen. Aber in Wahrheit war es die Essenz dessen, was wir für einen sinnvollen Adaptionsprozess hielten. Der Erfolg hat uns Recht gegeben.

Innovationsmanagement

Ein konsequentes Innovationsmanagement über alle drei genannten Felder und über alle Labels der UFA hinweg hatten wir kurz nach der Jahrtausendwende etabliert. Diverse Vorläufer in den Einzelfirmen konnten wir verknüpfen und ausbauen, nachdem es seitens Fremantle und RTL Group zu einer gewissen organisatorischen Ruhe gekommen war. Dabei setzt Innovationsmanagement nach meiner festen Überzeugung zunächst einmal die umfassende Ausgestaltung einer kreativitätsfördernden Unternehmenskultur voraus. Oder etwas präziser: die Implementierung von Strukturen, die den kreativen Entwicklungsprozess vom Briefing über Ideenfindung und Prototyping bis hin zur Umsetzung und Evaluierung der Ergebnisse systematisieren, ohne die Kreativen dabei in ihren Freiheiten einzuschränken. Erfindungslust und Leidenschaft – also der Brennfaktor für Programmarbeit – sollte durch gemeinschaftliche Prozesse gestärkt werden. Mein Ziel war es, allen mit Programmentwicklung beschäftigten Teams ein Set an Werkzeugen, Verfahren und Spielregeln für den Ideenfindungsprozess an die Hand zu geben, mit denen sie ihre Entwicklungstätigkeit und deren Output optimieren konnten. Welche das im Einzelnen waren, habe ich nie top-down vorgeschrieben, sondern gemeinsam mit unseren Produzenten und Producern erprobt und verabredet. Ein solches System funktioniert nur dann dauerhaft, wenn es von allen Beteiligten im Unternehmen mitgetragen wird. Es bedarf der Bereitschaft der Mitarbeiter, mit ihren Kollegen auch aus anderen Fachbereichen und – wie wir gleich noch sehen werden – sogar anderen Medien- und Kommunikationsdisziplinen gemeinsam an neuen Ideen zu arbeiten sowie intensiv mit den Konsumenten in Dialog zu treten. Nur wenn die eingezogenen Strukturen auch von den Mitarbeitern genutzt und gelebt werden und das Entwickeln im Rahmen dieser Strukturen Spaß macht, können daraus erfolgreiche Innovationen entstehen.

Und das war am Anfang nicht unbedingt der Fall. Systematisches Innovationsmanagement in einem Kreativunternehmen – dieses Vorhaben stieß zunächst auf Fragezeichen und auf Widerstände innerhalb meiner Führungsmannschaft sowie in Teilen des Unternehmens. Diese ablehnende Haltung resultierte aus der Überzeugung, dass ein Medien-, zumal ein Produktionshaus per se innovativ sei. Kein Stück gleiche dem anderen, jede Geschichte sei neu erdacht, neu erzählt, neu umgesetzt mit täglich neuer innovativer Energie. Dass es der UFA dennoch über die ersten Jahre des neuen Jahrtausends in einer breiten, gemeinschaftlichen Anstrengung gelang, eine neue Innovationskultur zu schaffen und ihr unternehmerisches Verständnis vom TV-Produzenten zum Inhaltekreateur über alle Plattformen zu wandeln, hing zuallererst an der Innovationsdefinition. Es gehört zum kleinen Einmaleins der Innovationslehre, dass Innovationen im Unternehmenskontext niemals Selbstzweck sein dürfen, sondern im Dienst eines klaren Ziels stehen müssen. Wir diskutierten viel und offen, auch auf Basis von externem Input, und entschieden uns schließlich für eine Definition nah an den Kernkompetenzen der UFA. Als diese definierten wir das »zielgruppengerechte Unterhalten und Erzählen emotionaler Geschichten« sowie den »Aufbau und die Pflege einzigartiger, langlaufender Programmmarken« ebenso wie unsere »Erfahrung in der hocheffizienten Produktionsleistung« und unser »Kontaktgeflecht zu kreativen Talenten vor und hinter der Kamera«. Wir verständigten uns darauf, dass die Verfolgung unseres täglichen Kreativgeschäfts nicht schon »Innovation genug« sei. Unsere Innovationsdefinition erstreckte sich nicht nur auf Neuprogramm oder neue Programmgenres, sondern auch auf anzustrebende Innovationen außerhalb dessen wie etwa originäre Angebote für neue Märkte sowie neue Geschäftsmodelle und technische oder strukturelle Prozessinnovationen. Neue Märkte – das hieß für uns um 2005 herum zum Beispiel die Produktion von maßgeschneiderten Inhalten für und mit Mobilfunknetzbetreibern, Internet-Service-Providern, Videoportalen, Social Networks oder Verlagshäusern. Natürlich musste dieser Teil der Definition im Laufe der Zeit am häufigsten an den aktuellen Stand angepasst werden. Im Bereich der neuen Programmgenres standen für uns zunächst die nachhaltige Einführung der Event-Movies und insbesondere auch der Telenovelas im Vordergrund. Zu den technischen und strukturellen Prozessinnovationen zählte die konsequente Umstellung der Daily-Drama-Produktionen auf einen im Produktionsgeschäft bis dahin einzigartigen digitalen Workflow, der eine komplett bandlose Produktion mit einer hocheffizienten, zeitsparenden digitalen Distribution an alle involvierten Personen bis hin zum ausstrahlenden Sender ermöglichte. Wir ergänzten unsere Innovationsdefinition pragmatisch um die Kriterien der Nachhaltigkeit und der Umsatzrelevanz, die bei allen Maßnahmen im Blick bleiben sollten.

Erfahrungen von außen

Ein wesentliches Instrumentarium wurden für uns die sogenannten »Research & Development Days«. Dabei handelte es sich um zweimal jährlich stattfindende, mehrtägige Workshops, an denen Kreativkräfte aus allen Geschäftsfeldern der UFA-Gruppe teilnahmen, um gemeinsam Entwicklungsarbeit zu leisten und neue Programmkonzepte oder Sendeformate zu erfinden. Wir ergänzten den Teilnehmerkreis gezielt durch Mitarbeiter anderer Bertelsmann-Gesellschaften und somit anderer Mediengattungen wie Musik, Magazin und Buch. Diese konzentrierte Arbeit in interdisziplinären Teams führte geradezu automatisch auch zur Entwicklung von Inhalten mit crossmedialem Nutzungspotenzial. Darüber hinaus luden wir zu den Workshops externe Experten und Personen aus der jeweiligen Nutzerzielgruppe ein. So wurde gewährleistet, dass ständig neues Wissen, frische Erfahrungen und Anregungen von außen in die Gruppe einflossen. Mit dem Fokus auf Wissensvermittlung und Know-how-Transfer entwickelten wir den »UFA Exchange«, der zweimal jährlich als eintägige Vortragsveranstaltung stattfand. Hierzu luden wir hochkarätige Gastreferenten ein, um jeweils ein Thema umfassend und multiperspektivisch zu behandeln. Vor bis zu hundert Mitarbeitern vom Junior Producer bis zum Geschäftsführer aus allen Unternehmensbereichen und Standorten der UFA ging es immer wieder um Veränderungen in der Medienrezeption oder um Verbreitung und Auswirkungen neuer Technologien auf das Medien- und Entertainmentgeschäft.

Im engeren Kreis der Geschäftsführung von Holding und Tochterfirmen vertieften wir diese Themen durch unternehmensinterne Recherchen, weiter gehende Expertengespräche und unsere zweimal jährlich stattfindenden »Strategietage«, eine zweitägige Klausurtagung aller Geschäftsführer fernab des operativen Tagesgeschäfts. Der Vernetzung von kreativer Energie diente auch die Kollaboration mit externen Partnern wie beispielsweise dem Hasso Plattner Institut an der Universität Potsdam. Mit dessen School of Design Thinking entwickelten wir gemeinsam einen interaktiven Touchscreen, der Kommunikation und Workflow zwischen Autoren und Produktionsstab optimierte. Mit Partnerunternehmen und potenziellen Kunden, etwa Netzbetreibern, Hardwareherstellern oder Verlagshäusern, führten wir immer wieder Innovationszirkel durch, die sich gemeinsamen Fragestellungen und Lösungsansätzen widmeten und die danach so manches Mal in Neugeschäfte für die UFA mündeten. Unternehmensintern etablierten wir schließlich ein intranetbasiertes Vorschlagswesen namens »Ideen@UFA« – mit der Besonderheit, dass wir das klassische innerbetriebliche Vorschlagswesen um die Möglichkeit erweiterten, dass auch alle Mitarbeiter mit sogenannten ›nicht-kreativen‹ Aufgaben kreative Formatvorschläge einreichen konnten. Dies war mir stets wichtig, weil nur ein Unternehmen, in dem im Prinzip jeder einzelne Mitarbeiter und jeder einzelne Vorgang von der Bereitschaft zur Neuerung durchdrungen sind, als innovatives Unternehmen überzeugend sein kann.

Vielleicht sollte ich an dieser Stelle nochmals darauf hinweisen, dass ein Programmunternehmen wie die UFA, das jedes Jahr aufs Neue einen derart großen Output liefert und zudem Wachstum anstrebt, also neue Chancen und Märkte sucht und entwickelt, gar nicht ohne diese komplexen Entwicklungs- und Kreationsprozesse auskommen kann. Vielfach unterstellen Außenstehende, insbesondere Vertreter von programmverwertenden Unternehmen, von neuen Streaming-Plattformen oder auch der Presse, dass eine Produktionsfirma überwiegend davon abhängig sei, dass von außen – also von Autoren, Regisseuren oder anderen Kreativen – Projektideen oder Drehbücher eingebracht würden, die man prüfe, auswähle und dann wirtschaftlich sowie produzentisch umsetze. Mit meiner Erfahrung aus fast vier Jahrzehnten UFA kann ich dem entgegnen: Jährlich wurden uns etwa 1.500 unverlangte Programmideen oder Manuskripte eingesandt, die ein ausgezeichnetes zehnköpfiges Lektorat unter der Leitung von Britta Nasarski, später Monika Strommayer, ausgiebig prüfte und in Form von exzellent ausgearbeiteten Markteinschätzungen an die verantwortlichen Geschäftsführer weitergab. Über die gesamte Zeit hat diese Ideeneinreichung von außen in keinem einzigen Fall dazu geführt, dass wir ein Projekt zur Realisierung übernommen hätten. Woran das liegen mag, darüber kann man trefflich spekulieren. Vielleicht liegt es an der Zuschauer- und Marktferne der Ideengeber, die die Komplexität der Aufgabenstellung, Programm für ein breites Publikum zu kreieren, nicht erfassen konnten. Bei den Online-Videotheken wie Netflix oder Amazon erleben wir heute die Tendenz, manche Programme direkt mit den Kreativen zu entwickeln – ohne von vornherein leistungsstarke Produktionsfirmen einzubeziehen. Wir werden sehen, wie erfolgreich das außerhalb der Nische gelingen kann.

Bei der Art und Weise, wie wir interne Kreativrunden gestalteten, versuchte ich, das Ideal des Braintrust nach Pixar-Vorbild vor Augen zu behalten. Es konnte durchaus vorkommen, dass einer unserer Show-Produzenten mit einer Problemstellung kämpfte, für deren Lösung die Fiction-Kollegen einen nützlichen Impuls lieferten, oder umgekehrt. Die Kombination aus gleicher Gesinnung bei unterschiedlicher Expertise wirkte oftmals Wunder, wenn es darum ging, mit der nötigen Distanz einen kreativen gordischen Knoten zu zerschlagen. Entsprechend tat ich mein Bestes, die Kollegen zu radikaler Offenheit zu ermuntern, was mal mehr, mal weniger gut gelang. In einer Art Vorgriff auf den »One UFA«-Prozess, mit dem wir ab 2012 die einzelnen Labels zerschlugen und auf den ich später noch ausführlich eingehen werde, betrieben wir zukunftsgerichtete Entwicklungsinitiativen zunehmend in übergreifend und divers zusammengesetzten Teams. Wenn die heutige Innovationslehre von »kognitiver Diversität« als Schlüsselqualifikation spricht und darauf hinweist, dass komplexe Probleme kaum noch aus der Perspektive einer einzigen Disziplin gelöst werden können, dann entspricht dieser Befund meiner Erfahrung aus unserem inhaltegetriebenen Geschäft. Wenn immer nur gleichartige Menschen ihre Ideen in den Raum werfen, entsteht kein ausreichendes Spannungsfeld, um wirklich innovativ voranzukommen. Dafür müssen idealerweise Leute mit unterschiedlichen Erfahrungs- und Ausbildungshintergründen, unterschiedlichen Alters und Geschlechts zusammenkommen. Um eine solche Konstellation projektübergreifend zu sichern, führten wir das »Next Generation Board« ein, eine Art junges Schattenkabinett, das uns Geschäftsführer beraten und herausfordern sollte. Ganz bewusst teilten wir strategische Zukunftsfragen und zentrale Aspekte der Unternehmensführung mit Kolleginnen und Kollegen aus sämtlichen Abteilungen, die im Durchschnitt halb so alt wie wir waren. Interessierte – davon gab es zum Glück mehr als genug – übernahmen dieses Beiratsmandat für einen Zeitraum von ein bis zwei Jahren neben ihrer eigentlichen Tätigkeit. Wir sorgten dafür, dass jeweils um die zehn Köpfe dem Board angehörten, und statteten diese mit einem eigenen Projektetat aus. Wann immer die Geschäftsführung tagte, ging das Protokoll unserer Sitzung anschließend an die Mitglieder des Next Generation Boards, die ausdrücklich aufgerufen waren, ihre Meinung zu sagen und uns, wenn nötig, zu widersprechen. Außerdem hatten sie jederzeit das Recht, eigene Themen auf die Agenda der Geschäftsführung zu setzen. Mehrmals im Jahr, etwa bei den Strategietagen, saßen wir intensiv zusammen und ließen uns sagen, wo wir aus Sicht der jüngeren UFA-Generation zu langsam, zu ›old-fashioned‹ oder nicht innovativ genug agierten. Für den Zeitraum meiner Führungsverantwortung kann ich ohne Zögern feststellen, dass uns diese Institution extrem weitergeholfen und nach vorn getrieben hat. Etliche Herausforderungen konnten wir so aus einer viel umfassenderen Perspektive betrachten und angehen, manche Themen hätten wir Geschäftsführer allein vermutlich erst später oder vielleicht gar nicht gesehen. Dabei sollte man die Rolle eines derart institutionalisierten Gremiums nicht unterschätzen: Mit dem klaren Mandat zum Widerspruch und zur Herausforderung des etablierten Managements spricht es sich wesentlich beherzter, um nicht zu sagen schonungsloser, als wenn die Gelegenheit zur Partizipation nur sporadisch ausgerufen wird.

Den Zuschauer im Fokus

Ich möchte aber noch einmal auf die Optimierung unserer laufenden Programme zurückkommen, für die ich ja vorhin schon vehement einen Teil der Innovationskraft beansprucht hatte. Es ist nicht übertrieben zu sagen, dass die UFA auf diesem Gebiet bahnbrechende Prozesse eingeführt hat und mit ihnen bis heute Maßstäbe setzt. Das Stichwort, das mich mit Stolz erfüllt, heißt »feedbackgesteuerte Programmoptimierung«. Klingt nicht sexy, ich weiß. Ist dafür aber umso effektiver. Wie oft höre ich den Satz »Meine Tochter sagt ...« oder »Meine Putzfrau sagt ...«. Als

Film- und Fernsehmacher sollten wir uns bewusst sein, dass wir oftmals in einer Blase leben, die wenig mit der Alltagswelt derjenigen zu tun hat, für die wir das Gros unserer Inhalte produzieren. Spätestens mit der nachhaltigen Markteinführung unserer täglichen Serien hatten wir den Ehrgeiz, die Rezeptionsweisen unserer Zuschauer möglichst genau zu studieren und alle möglichen Feedback-Mittel einzusetzen, um besser zu durchdringen, was die Zielgruppe an den Programmen mag – und was nicht. Eine Soap hat den unschätzbaren Vorteil, dass man aufgrund ihrer Produktionsweise vergleichsweise zeitnah eingreifen und vorhandenes Feedback in die künftige kreative Ausgestaltung einfließen lassen kann. Im Extremfall können Veränderungen schon acht bis zehn Wochen nach einer Untersuchung auf dem Bildschirm sichtbar werden. Mit sogenannten ›Likes‹ und ›Dislikes‹ der Zuschauer war ich in der Folge über Jahrzehnte beinahe täglich konfrontiert. Als einzige Produktionsfirma Deutschlands leistete sich die UFA schon früh eine eigene interne Research-Abteilung, die regelmäßig sämtliche Produktionen beforscht, Studien in Auftrag gibt oder selbst durchführt. Mit Bezug auf die Daily-Drama-Formate ist sie durch entsprechende Panel-Befragungen permanent auf dem Laufenden, welche Figuren und welche Schauspieler das Publikum besonders gut bzw. besonders schlecht bewertet, welche Storylines auf Zustimmung bzw. Ablehnung, welche Themen auf Interesse bzw. Desinteresse stoßen. Das Wissen um Wünsche und Bedürfnisse der Kernzuschauerschaft hilft dabei, deren starke Loyalität zum Programm durch ständige Optimierung zu festigen. Wobei die Formulierung der richtigen Forschungsfragen ebenso eine Kunst ist wie die Wahl der richtigen Konsequenzen: Wir lernten, dem Publikum nicht eins zu eins nach dem Mund zu reden, sondern die Ergebnisse durch die Brille des Storytellers zu interpretieren. So sollte eine Soap auf die Charaktere mit den höchsten Sympathie-, aber auch auf jene mit den höchsten Antipathiewerten keinesfalls verzich-

ten, weil auch Hassliebe ein starker Bindungs- und Einschalt-
faktor sein kann. Entbehrlich sind dagegen die Figuren mit den
Mittelwerten, die niemanden so recht in Wallung bringen, weder
positiv noch negativ.

»Die Hauptquelle unserer Ideen waren immer die Bedürfnisse
und Probleme unserer Kunden«, hat SAP-Mitgründer Dietmar
Hopp einmal erklärt, wie sein Softwarekonzern zur erfolgreichsten deutschen Unternehmensgründung seit dem Zweiten Welt-
krieg wurde. Eine Losung, die ich für die UFA glatt hätte klauen
können. Aus Produzentensicht gilt sie sogar doppelt: im Ver-
hältnis zu unseren direkt per Geschäftsbeziehung verbundenen
Kunden, den Sendern und Plattformen, sowie gegenüber unseren Endkunden, den Zuschauern, die wir unterhalten und bewegen möchten. Allerdings gibt es beim Geld, das in Forschung und
Innovation fließt, einen gewaltigen Unterschied zwischen den
Branchen. Ich habe, wie gesagt, immer links und rechts geschaut
und mich liebend gern von den Erfahrungswerten anderer Branchen inspirieren lassen. Wer das mit offenen Augen tut, wird zu
dem Ergebnis kommen: Wir, die deutsche Bewegtbild-Industrie,
investieren zu wenig in unseren Rohstoff, die Ideen. Komplexe
Stoffentwicklungen wie bei *Unsere Mütter, unsere Väter*, *Charité*
oder *Der Medicus* erfordern in der Summe über mehrere Jahre oft
beachtliche Summen – lange bevor es etwas zu drehen oder zu
verkaufen gibt. Der Produzent muss in jedem Fall genau überlegen: Wie hoch ist die Wahrscheinlichkeit, dass wir dieses Projekt
zur Realisierung bringen werden? Von der Antwort auf diese Frage hängt die Höhe des bilanziellen Risikos ab. Positive Anzeichen
können sein, dass bereits ein Sender sein Interesse an dem Projekt bekundet hat, dass ein Weltvertrieb mit einer Vorabgarantie
auf die erwarteten Auslandserlöse eingestiegen ist oder dass rea-
listische Möglichkeiten der Filmförderung bestehen. Bei der UFA
lag das Entwicklungsbudget in der Regel bei ungefähr drei Prozent des Jahresumsatzes, also bei etwa neun bis zehn Millionen

Euro. Das ist zwar im brancheninternen Vergleich kein kleiner Einsatz, aber ich behaupte: immer noch zu wenig. Mit unserem Gesellschafter hatte ich dazu im Laufe der Jahre muntere Debatten. Mein Hauptargument: Ein Kreativunternehmen, das nach Blockbustern strebt, kann gar nicht genug experimentieren. Und Experimente können eben auch schief gehen. Ich hätte mir zumindest fünf Prozent des Umsatzes als Entwicklungsbudget gewünscht. In der Automobilindustrie lag der Durchschnitt der vergangenen Jahre bei knapp sechs Prozent, in der Pharmaindustrie bei über 13 Prozent, ebenso beim vorhin zitierten SAP. Hier besteht für uns Produzenten meiner Ansicht nach Aufholbedarf. Moderne Unternehmen, die in der künftigen digitalen Bewegtbild-Welt mitspielen wollen, müssen erheblich mehr Forschung und Entwicklung betreiben. Wer das mit begabten Talenten in einer neuen Größenordnung tut, wird dafür vom Markt belohnt werden.

8. FÜHRUNGSSTÄRKE ODER: WAS MACHT EINEN GUTEN CREATIVE LEADER AUS?

Lassen Sie uns noch einmal kurz zum Beispiel SAP zurückkehren. Als dessen damaliger Vorstandsvorsitzender Bill McDermott vom *manager magazin* zum Manager des Jahres 2018 gekürt wurde, gab er im Interview eine interessante Strategie zu Protokoll: »Mein Rezept lautet: Überkommunizieren. Wenn ich von einer Sache überzeugt bin, dann glaube ich mit ganzem Herzen und ganzer Seele an den Erfolg. Diese entscheidende strategische Botschaft wiederhole ich dann immer und immer wieder.« Einige meiner langjährigen Wegbegleiter bei der UFA werden bei diesem Zitat sofort einen überkommunizierenden Wolf Bauer vor Augen haben. Ich kann es ihnen nicht verdenken. Denn auch auf die Gefahr hin, dass ich den einen oder anderen mitunter etwas genervt haben könnte, teile ich McDermotts Rezept zu einhundert Prozent.

Die Aufgabe eines CEOs liegt in meinen Augen nicht in der Administration des Unternehmens, dafür sollte er qualifizierte Fachleute an seiner Seite haben. Unternehmensführung heißt für mich, eine attraktive Unternehmenskultur zu gestalten und sie strategisch an klar formulierten Zielen auszurichten; eine Vision zu definieren, die die richtigen Talente anzieht, und deren Leistung dann im Sinne der Unternehmensziele zu orchestrieren. Spannend finde ich dabei, dass das Momentum der Kreativität, welches für einen Film- und Fernsehproduzenten ja ohnehin inhaltlicher Bestandteil seines Kerngeschäfts ist, mehr und mehr als branchenübergreifende Schlüsselqualifikation betrachtet wird. »Es geht darum, Ideen zu finden und diese dann zu realisieren«, schreibt der auf Unternehmensführung spezialisierte Berater und Hochschullehrer Alexander Paufler, Autor des Buchs *Führung – Kreativität – Innovation*. »Einerseits muss man eine Strategie, eine Geschäftsidee entwickeln, die einen von anderen abgrenzt. Andererseits kann CEO auch verstanden werden als Chief Entertainment Officer oder Chief Education Officer. Eigentlich ist ein guter Chef heutzutage wie ein sehr intelligenter Clown.« Im Kampf um Talente wollen laut Paufler vor allem junge Menschen »einen Chef, der sie inspiriert, der sie weiterbringt, von dem sie etwas lernen können«. Insofern sei es wichtig, dass die Führungskraft interessante Ideen habe und die Mitarbeiter in spannende Diskussionen verwickle. Das passt zur Strategie von Pixar, über die Ed Catmull in *Creativity, Inc.* schreibt: »Als Führungskräfte sollten wir uns wie Lehrer verstehen und Unternehmen aufbauen, in denen Lehren und Lernen als wertvoller Beitrag zum Gesamterfolg betrachtet werden.«

Inspiring Leadership

Ich selbst habe eine Führungsaufgabe übernommen, ohne darauf auch nur annähernd vorbereitet gewesen zu sein. In meinem Studium war die Verantwortung für Personal und Budgets kein Thema gewesen, und in meinen Jahren als freier politischer Journalist und junger Producer wollte ich nichts davon wissen. In die Geschäftsführung der UFA kam ich ursprünglich, wie geschildert, weil mich die Gestaltungsmöglichkeiten interessierten und weil mir anderswo eine entsprechende Aufstiegschance angeboten worden war. Für mich, der keinen betriebswirtschaftlichen Background hatte und erst viel später in den Genuss von Weiterbildungsseminaren für Bertelsmann-Führungskräfte an der Harvard Business School kam, war ›learning by doing‹ oder besser ›learning by leading‹ angesagt. Dabei machte ich intuitiv vieles richtig, indem ich meinem eingangs geschilderten Freiheitsdrang folgte und aus ihm meine pragmatischen Führungsprinzipien des Förderns, Ermöglichens und Delegierens ableitete. In den ersten zehn Jahren meiner Geschäftsführung formte ich nach und nach den Anspruch der ›inspiring leadership‹ an mich selbst und alle Führungskräfte. Jeder, der im Unternehmen Verantwortung für ein Team trug, egal ob groß oder klein, sollte seinem Team diese inspirierende Führungsrolle vorleben: zum freien Denken in alle beliebigen Richtungen ermutigen; die Überzeugung verbreiten, dass jede vermeintlich noch so verrückte Idee zu einem großartigen Ergebnis führen kann; sich nicht davor scheuen, durch die beherzte Übertragung von Verantwortung an Mitarbeiter einen gewissen Kontrollverlust einzugehen – bis hin zu dem Risiko, dass eine Idee auch scheitern kann. Konsequent weitergedacht, führte dieses Prinzip dazu, dass ich als Führungskraft so wenige Entscheidungen wie möglich traf und auf die Kaskade der Inspiration vertraute. Wer um Erlaubnis bitte, Innovationen auszuprobieren, reiche bloß das Risiko weiter, sagt die bereits zitierte Stanford-Professorin Tina Seelig, und ich stimme ihr zu. Für den strukturell verankerten Input von Inspirationen, den dieses System natürlich erforderte, sorgten die im vorangegangenen Kapitel erläuterten Tools vom UFA Exchange bis zum Next Generation Board. Freilich hat die Delegation von Verantwortung auch eine riskante Seite, die hier nicht verschwiegen werden soll: Wer seine Vorbildfunktion als Chef vernachlässigt, fügt dem fragilen Gebilde einen Schaden zu. Im schlimmsten Fall muss man als Vorgesetzter nur einmal von seinen Mitarbeitern dabei erwischt werden, wie man gegen die Unternehmenskultur verstößt, und es wird mühsame Reparaturarbeit fällig. Das Bewusstsein für diese hohe Verantwortung zu schärfen, ist essenzieller Teil der ›inspiring leadership‹.

Ebenso bedarf es einer möglichst offenen und umfassenden Feedback-Kultur, damit das System nicht aus dem Ruder läuft. Als ich zur UFA kam, existierte dort schon ein entsprechendes Bertelsmann-Instrument, das jährliche »Z&B-Gespräch«. Z&B stand für »Zielsetzung und Beratung«. Jeder Mitarbeiter mit Personalverantwortung hatte die Aufgabe, einmal im Jahr ein solches Gespräch mit sämtlichen seiner ›direct reports‹ zu führen. Oder umgekehrt: Jeder Mitarbeiter hatte Anspruch darauf, dass sein jeweiliger Vorgesetzter mit ihm ein solches Gespräch führte. Sinn und Zweck war es, den Einzelnen in seiner Gesamtleistung für das Unternehmen zu betrachten und sehr offen darüber zu sprechen, wie beide Seiten das vorangegangene Jahr beurteilten. Das geschah idealerweise nicht von oben herab, sondern auf Augenhöhe. Zudem wurden persönliche Zielsetzungen für das kommende Jahr verabredet. Nach 2000, als Teil der Fremantle-Struktur, löste der »Personal Development Review« das Z&B ab. Mit dem PDR sorgten wir dafür, dass jeder im Unternehmen regelmäßig einen Spiegel vorgehalten bekam. Es gab nun eine Mustervorlage für den Gesprächsverlauf, so dass der Prozess noch klarer strukturiert war und jeder genau wusste, was er von dem Gespräch zu erwarten hatte. Die quantitativen und qualitativen Ziele, die jede Führungskraft mit ihren direkten Mitarbeitern für das folgende Jahr vereinbarte, sollten nicht etwa vom Vorgesetzten oktroyiert, sondern gemeinsam diskutiert werden, bis beide Seiten eine Einigung gefunden hatten. Dabei war auch zu berücksichtigen, wie sich das Erreichen der Ziele messen ließ und welche zusätzlichen Mittel möglicherweise für den Weg dorthin erforderlich waren. Dieses Prinzip zog sich kaskadenartig vom CEO bis zum Volontär durchs gesamte Unternehmen. Solche Gespräche konnten durchaus an die Substanz gehen. Für mich war es dann am schmerzlichsten, wenn ich ›direct reports‹

darauf hinweisen musste, dass sie der Vorbildfunktion gegenüber ihrem Team nicht gerecht wurden.

Weil die Führungskräfte der ersten und zweiten Ebene in dieser Hinsicht natürlich besondere Verantwortung trugen, entwickelten wir für sie – also auch für mich – zusätzlich einen »360« genannten Rundum-Check-up. Wie der Name schon sagt, ging es hier darum, das eigene Handeln im Unternehmen aus allen Richtungen zu reflektieren. Dies führten wir alle zwei bis drei Jahre durch. Mit Hilfe komplexer Fragebögen wurde jeweils dreifaches Feedback eingeholt: von den ›direct reports‹, von den gleichrangigen Peers und vom Vorgesetzten. Man selbst musste ebenfalls einen Fragebogen ausfüllen, der eine Selbsteinschätzung zum eigenen Persönlichkeitsprofil lieferte. Wie kreativ bist du und als wie kreativ schätzen dich die anderen ein? Wie stark glaubst du im Führen und Motivieren von Mitarbeitern zu sein und wie empfinden die Betroffenen das? Was hast du zum Erreichen der unternehmerischen Ziele beigetragen – aus deiner eigenen Sicht und aus der deiner Umgebung? Das waren einige der Fragestellungen, bei denen es ans Eingemachte ging, denn selbstverständlich war auch hier wieder radikale Offenheit gefragt. Dabei trat durchaus die eine oder andere Diskrepanz zwischen Selbst- und Fremdbild zu Tage. Etwa, wenn jemand sich selbst gute Teamleader-Qualitäten bescheinigte, aber vom Team zurückgespiegelt bekam, dass er nicht ausreichend motiviere oder Ideen von Mitarbeitern nicht genügend Raum gebe. Solch ein Ergebnis fand dann natürlich Eingang ins jährliche Zielsetzungsgespräch. Die Botschaft »Du musst dich verbessern« war quasi schwarz auf weiß ablesbar und nicht nur die subjektive Ansicht eines einzelnen Vorgesetzten. Meist wurden konkrete Coaching- oder Weiterbildungsangebote damit verknüpft.

Davon war auch ich ganz persönlich betroffen. Ich hatte ja bereits geschildert, dass ich 2001 den CEO-Posten von Fremantle nicht angestrebt hatte und mein direkter Vorgesetzter in Folge

Tony Cohen wurde. Schnell war klar, dass er gänzlich andere Vorstellungen von unserem Produktionsgeschäft hatte als ich. Ihn schienen in erster Linie große Entertainment-Shows und weltweit vermarktbare Formate zu interessieren. Mit hochwertiger Fiction, wie wir sie in Deutschland erfolgreich pflegten, konnte er nicht viel anfangen. Ich erinnere mich noch an unser erstes Treffen in London, das nicht besonders gut lief. Tony hatte sich auf einem Zettel 20 Punkte für die künftige Corporate Governance notiert, die er gern mit mir verabreden wollte. Bei 19 davon war ich dezidiert anderer Meinung. »Sorry, aber so arbeite ich nicht«, versuchte ich ihm möglichst verbindlich und doch unmissverständlich klar zu machen. Wer von uns beiden das fassungslosere Gesicht machte, vermag ich heute nicht mehr zu sagen. Ewald Walgenbach, der COO der RTL Group, betätigte sich als Mediator. Zu dritt rangen wir uns in zwei langen Nachtsitzungen einen Code of Conduct ab, der fortan Bestandteil meines Vertrags wurde. Dass Tony und ich einmal gute Freunde werden würden, war damals noch nicht absehbar. Im Gegenteil: Mein »360«-Resultat ergab, dass er und ich mein Handeln unterschiedlich wahrnahmen. Ich dachte, ich fülle meine Führungsaufgaben bei der UFA und bei Fremantle überwiegend gut aus. Tonys Wahrnehmung war dagegen: »Wolf ist noch nicht richtig bei uns angekommen – er lebt mit Leib und Seele seine UFA, nicht aber Fremantle.« Es spielte sicherlich eine Rolle, dass ich Tony damals zu dominant erschien, weil ich mit Deutschland und Kontinentaleuropa rund die Hälfte seines Geschäfts führte. Hinzu kamen meine langjährig gewachsenen Verbindungen nach Luxemburg und Gütersloh, also zu seinen Vorgesetzten.

Coaching von Führungskräften

Wir entschieden uns daraufhin beide für ein Coaching. Und zwar bei einem renommierten britischen Leadership-Development-Coach namens Will Smith. Mir fiel sofort sein beeindruckendes Talent auf, seinem Gegenüber nach kürzester Zeit in ganz persönliche Untiefen zu schauen, ohne dass man sich dabei unwohl gefühlt hätte. Tony und ich haben später gewitzelt, das sei unsere Paartherapie gewesen. Ein solches Coaching kann nicht nur die Kommunikation verändern, sondern auch das eigene Denken und die Steuerung der eigenen Emotionen. Man denkt über sein Gegenüber anders als vorher, weil man anders fühlt. Man spürt förmlich, wie die gegenseitige Zugänglichkeit zueinander wächst. Vor dem Coaching war ich jedes Mal angespannt, wenn ein Telefonat mit Tony anstand. Danach riefen wir uns gern und regelmäßig gegenseitig an, um uns zu beratschlagen. Im November 2008 nahmen wir gemeinsam an einer von der britischen Innovationsberatung WhatIf organisierten »TopDog Tour« durch die USA teil. Eine Woche lang besuchten wir eine Auswahl der innovativsten und als Arbeitgeber begehrtesten Unternehmen von Google über Procter & Gamble bis zu Ritz-Carlton, jeden Tag in einer anderen Stadt. So viel Zeit am Stück hatten wir noch nie miteinander verbracht. Als wir zurückkamen, waren wir Freunde und voller Respekt im Umgang miteinander. Dank dieser positiven Erfahrung wurde ich zum großen Befürworter von Management- und Leadership-Coachings und habe sie selbst mehrfach begeistert in Anspruch genommen. Matt White wurde zum permanenten Coach des gesamten Fremantle-Vorstands. Er half uns vor allem dabei, unsere Kommunikation untereinander zu verbessern. »Be true to your word« und »equal share of voice« waren wesentliche Ziele: Wir lernten, wie man es hinbekommt, genau das zu sagen, was man denkt, ohne dabei die anderen in Grund und Boden zu reden. Es wäre vermessen zu glauben, man könne ›inspiring leadership‹ allein aus sich heraus erreichen. Sich mit professioneller Hilfe von außen gezielt zu verbessern, ist in meinen Augen ein Zeichen der Stärke, nicht der Schwäche.

Damit das kreative Gebilde im Inneren funktionieren kann, muss ein verantwortungsvoller CEO es jederzeit nach außen verteidigen. Wenn ich eingangs davon sprach, dass ich den Kreativen Widerstände aus dem Weg räumen wollte, dann meinte ich damit insbesondere die Verteidigung der unternehmerischen Unabhängigkeit. Im konkreten Fall der UFA hieß das für mich, dass ich die Interessen des Marktes und die Interessen des Gesellschafters ausbalancieren musste. Das war nicht immer ganz einfach. Sowohl der größte Privatsender Deutschlands, RTL, als auch die größte Produktionsgruppe Deutschlands, die UFA, gehören zur RTL Group und damit zu Bertelsmann. Ein wichtiger Abnehmer von Programmformaten und ein wichtiger Anbieter von Programmformaten teilen somit ein und denselben Gesellschafterkreis. Dennoch entsteht daraus weder formal noch de facto eine Abhängigkeit, da das weltweite Produktionsgeschäft inklusive der UFA eigenständig und getrennt vom Broadcast-Geschäft unter der Konzernsäule Fremantle organisiert ist. Eine solche Konstellation will selbstbewusst geführt sein, zumal von außen – seltener von innen – immer wieder Skeptiker auf dem Plan stehen. »Warum sind Sie so auf Ihre Unabhängigkeit erpicht?«, fragte mich im Juli 2002 ein Reporter der *Welt am Sonntag*. »Sie hätten doch ein bequemes Bett.« Natürlich meinte er damit die Sender der RTL-Gruppe. »Da bleibt man liegen und schläft weiter«, entgegnete ich ihm. »UFA ist Marktführer unter den deutschen Produzenten geworden, weil wir im Wettbewerb der Ideen häufiger gewinnen als andere und weil wir für unsere Programme den gesamten TV-Markt als Abnehmer gewinnen konnten.« An dieser Antwort habe ich auch im Nachhinein nichts zu korrigieren. Während meiner CEO-Tätigkeit verstand ich es als zentrale Mission, die Unabhängigkeit der UFA unter Beweis zu stellen. Nicht nur auf dem Papier, sondern auch in der Praxis. Trotz des gemeinsamen Gesellschafters haben wir niemals bevorzugt mit RTL zusammengearbeitet. Rund 70 Prozent unseres Umsatzes erwirtschafteten wir kontinuierlich außerhalb der RTL-Sendergruppe. Hätte Bertelsmann mir jemals verordnet, unsere besten Ideen zuerst an RTL zu geben, hätte ich im nächsten Moment das Haus verlassen. Ein Kreativunternehmen, das sich im Wettbewerb der Ideen nicht unabhängig positionieren kann, ist von vornherein verloren. Hätte es eine einseitige Bevorzugung gegeben, wären wir für den Markt tot gewesen.

Das Risiko konnte man an manchen Diskussionen um das Erstarken der Privatsender in den 1990er-Jahren ablesen. Der damalige ZDF-Intendant Dieter Stolte vertraute mir später einmal an: »Wir haben uns durchaus überlegt, ob wir mit einem Bertelsmann-Unternehmen noch kooperieren können, wenn die uns mit ihren eigenen Senderaktivitäten plötzlich Konkurrenz machen.« Vom Münchner Medienzar Leo Kirch, der bis zur Insolvenz seines Konzerns im Jahr 2002 die Sendergruppe ProSiebenSat.1 kontrollierte, gab es das interne Verdikt, keine Aufträge an die UFA zu vergeben. Trotzdem – oder gerade deswegen – besuchte ich jeden neuen ProSiebenSat.1-Chef, um ihn stets aufs Neue von unserer Unabhängigkeit zu überzeugen. Ein starker Beweis in diese Richtung war *Verliebt in Berlin*, unsere höchst erfolgreiche Telenovela für den RTL-Erzrivalen Sat.1. Am Tag nach Ausstrahlung der ersten Folge im Februar 2005 rief mich morgens um 8 Uhr ein hörbar aufgebrachter Gerhard Zeiler an, damals in Personalunion Geschäftsführer von RTL und CEO der RTL Group. »Herr Bauer, Sie kosten mich 50 Millionen Euro Umsatz«, polterte er los und fuhr dann lachend fort: »Gratulation trotzdem! Das wird ein sensationeller Erfolg.« Aus ihm sprach zuerst der Senderchef von RTL, dessen Vorabend sich soeben ein massives Konkurrenzproblem eingehandelt hatte; erst danach der CEO des Konzerns, der vom Wachstum des UFA-Produktionsgeschäfts profitierte. Als wir 2008 die Casting-Show *X Factor* nach Deutschland bringen wollten, die Fremantle im britischen Markt eingeführt hatte, kam ich auf die Idee, ein Wettbieten zwischen den interessierten Sendern zu veranstalten. Tony Cohen war von meinem Plan sofort begeistert. Mit DSDS und *Supertalent* hatten wir bereits zwei Casting-Formate erfolgreich etabliert und beide waren bei RTL gelandet. Entsprechend hoch lagen die Begehrlichkeiten um *X Factor*. Ich wollte auf jeden Fall verhindern, dass irgendjemand ein Gewohnheits- oder gar Familienrecht geltend machte. Genau wie ich hätte Tony das Format gern bei Sat.1 gesehen. Als wir beiden Seiten die Spielregeln erklärten, konnte ich spüren, wie sehr die Senderchefs das für sie unkontrollierbare Prozedere hassten. Guillaume de Posch, damals ProSiebenSat.1-CEO, sagte mir offen ins Gesicht, er glaube nicht daran, dass wir als RTL-Group-Tochter ein faires Spiel spielten. Ich beschwor ihn eindringlich, bis zur letzten Runde mitzubieten. Was die Bieter nicht wissen konnten: In der vorletzten Runde trennten ihre Gebote gerade einmal 500 Euro pro Showfolge. Doch in Unterföhring entschied man sich anders: ProSiebenSat.1 bot in der letzten Runde nicht mehr mit. Damit fiel *X Factor* an RTL, wo man keinen Platz für noch eine Casting-Show hatte und sie schließlich an die Schwester Vox weiterreichte. Leider war der Sender damals noch zu klein, um mit dem Format die Dimension von DSDS und *Supertalent* zu erreichen.

Nach all diesen Leadership-Erfahrungen in 27 Jahren an der UFA-Spitze hat es mich besonders gefreut, dass meine Impulse auch im Creativity Advisory Board von Bertelsmann-CEO Thomas Rabe gefragt waren. Dort konnten wir über die vergangenen Jahre einige unserer erprobten Modelle mit Innovationsprozessen als Empfehlung einbringen. So gibt es nun mehrmals im Jahr das »Creativity Bootcamp«: 60 Top-Kreative aus sämtlichen Bertelsmann-Unternehmen weltweit kommen für drei Tage an einem Ort zusammen, um über neue Geschäftsideen zu brainstormen. Jeder bringt eine Idee mit, per Akklamation werden zehn ausgewählt, die genauer durchdacht und weiterentwickelt werden. Eine Jury kürt am Ende drei dieser Projekte, die weiterverfolgt und mit Budget für ihre Umsetzung ausgestattet werden. Die

Bertelsmann University, eine ganz besondere Weiterbildungsein-
heit des Konzerns, hat zudem inzwischen ein »Creative Management Programm« aufgelegt. Dieses Programm in Kooperation
mit der Stanford University, das in zwei Modulen über ein Jahr
angeboten wird, soll gezielt Kreative mit kultur- und geisteswis-
senschaftlichem Hintergrund für künftige Leadership-Aufgaben
qualifizieren. Ganz ehrlich: So etwas hätte ich als Nicht-BWLer
vor drei Jahrzehnten gut gebrauchen können.

9. AGILITÄT
ODER: WARUM SOLLTE MAN DIE GANZE ORGANISATION IMMER WIEDER INFRAGE STELLEN?

Als ich im Mai 2012 auf den Mainzer Lerchenberg fuhr, um meinen Antrittsbesuch beim neuen ZDF-Programmdirektor Norbert Himmler zu machen – sein ebenso programmaffiner Vorgänger Thomas Bellut war zum Intendanten ernannt worden –, schwante mir, dass die Struktur unserer Unternehmensgruppe bald zum Hindernis werden könnte. Himmler empfing mich mit einer dicken Kladde, in der er fein säuberlich alle Umsätze des ZDF mit den verschiedenen Labels der UFA aufgelistet hatte. »Sie sind ohnehin schon einer unser größten Programmpartner«, sagte er lächelnd zu mir. »Wie viel größer wollen Sie denn noch werden?« Es war tatsächlich das erste Mal in 21 Jahren, dass ein ranghoher Sendervertreter mich mit einer solchen Berechnung konfrontierte. Das Versteckspiel, das wir uns leisteten, weil die meisten UFA-Labels die UFA ja nicht im Namen trugen, würde nicht mehr allzu lange halten.

Natürlich war das Motiv für die langjährige Label-Struktur der UFA nicht Verschleierungstaktik gewesen, sondern, wie beschrieben, unsere Reaktion auf die Bedürfnisse eines boomenden TV-

Markts in den 1990er-Jahren. Die einzigartige Spezialisierung unserer Teams funktionierte als klarer Wettbewerbsvorteil. Dabei war es ein kleiner, angenehmer Nebeneffekt, dass ganz offensichtlich nicht alle Sender zusammenrechneten, wie viel sie für Serien von der Phoenix Film oder Shows von Grundy Light Entertainment ausgaben. Doch inzwischen hatte sich der Bewegtbild-Markt um uns herum massiv verändert. Aus je einer Handvoll relevanter öffentlich-rechtlicher sowie privater Programmabnehmer waren Sendergruppen mit Dutzenden Spartenkanälen geworden, ganz zu schweigen von einer ungekannten Flut an digitalen und mobilen Plattformen, die nach und nach Appetit auf eigene Inhalte entwickelten. Die enorme Zersplitterung des Angebots und die Fragmentierung des Markts hatten etwa zur Folge, dass Reichweiten und Marktanteile der großen TV-Sender langsam sanken und es zunehmend schwieriger wurde, lagerfeuerartige Programmereignisse zu schaffen. Auch wenn Netflix erst im Jahr darauf mit *House of Cards* in die Verbreitung eigener, von Top-Produzenten gelieferter Serien einsteigen sollte, war für uns doch absehbar, dass die Zahl unserer potenziellen Kunden und neuen Geschäftsmodelle in den nächsten fünf Jahren weitaus stärker steigen würde als in den vorangegangenen zehn. Das war prinzipiell eine gute Aussicht. Allerdings standen wir uns mit unserer bestehenden Struktur nun selbst im Weg, wenn man unterstellte, dass eine strahlende, unverwechselbare Absendermarke die richtige Antwort auf Fragmentierung sei und multidisziplinäre Programmentwicklung die richtige Antwort auf die fortschreitende Konvergenz der Plattformen.

Transformation der UFA

Um in dieser neuen Welt einen echten Wachstumsschub für die UFA zu erzeugen, mussten wir weg vom alten Prinzip der Bedarfserfüllung, weg von den Silos, die nebeneinander ihre getrennten Pipelines bedienten. In mir reifte instinktiv die Überzeugung, dass ich die Labels zerschlagen müsse, um die volle Innovativkraft der UFA zu entfesseln, um all unsere kreativen Köpfe noch viel enger miteinander zu vernetzen, als wir es bis dato getan hatten. Ein Bild, das sich dabei früh in meinem Kopf festsetzte, waren die großen, stolzen Lettern der Marke UFA in jedem Abspann, damit die Welt bei aller Fragmentierung unser kreatives Gewicht erkennen möge. Mit diesen Überlegungen ging zeitlich einher, dass Tony Cohen auf mich zukam und wie etwa alle drei Jahre einen Overhead-Check anregte. Wir hatten das schon 2006 und 2009 mit guten Ergebnissen durchexerziert und waren dadurch schlagkräftiger geworden. Auf den Prüfstand kamen jeweils alle Kosten, die nicht unmittelbarer Bestandteil von Produktionsbudgets waren: Mieten, IT, Legal & Business Affairs, Research und alle anderen Shared Services, die die Holding für die Labels erbrachte. Doch diesmal erzählte ich Tony von meinem Ehrgeiz, massiver in die Unternehmensstruktur eingreifen zu wollen. Er wäre mit 15 Prozent Overhead-Reduktion vollauf zufrieden gewesen. Um zu zeigen, wie ernst es mir war, gab ich mir selbst 25 Prozent als Ziel vor. Damit war die Botschaft klar: Klein-Klein würde nicht mehr ausreichen. Ich bat die auf Transformationsprozesse und Organisationsdesign spezialisierte Londoner Beratungsfirma Eden McCallum, uns extern zu unterstützen. Ein so massiver Umbau, wie ich ihn vor Augen hatte, konnte nur gelingen, wenn ich wesentliche Mitstreiter überzeugen und auf meine Seite holen konnte. Die einzelnen Labels, das war klar, würden einen guten Teil ihrer lieb gewonnen Autonomie aufgeben müssen. Nico Hofmann war der erste, der meine Vision verstand und teilte. Und das, obwohl er bei team-Worx de facto stets sein eigener Chef gewesen war. Ich rechne Nico diese frühe Unterstützung hoch an. Er hätte damals auch lange um sein Baby teamWorx kämpfen oder – noch schlimmer – gehen können. Davon abgesehen, waren die Widerstände zunächst erwartungsgemäß groß. Sowohl innerhalb der UFA als auch von außen erklärten mich etliche Menschen für verrückt, eine unbestreitbar erfolgreiche Organisation so disruptiv in Frage zu stellen. »Die Leute wollen festhalten an Dingen, die funktionieren – Geschichten, die funktionieren, Methoden, die funktionieren, Strategien, die funktionieren«, schreibt Ed Catmull in seinem Buch. Ich las *Creativity, Inc.* damals zum wiederholten Mal und schaute besonders auf die Passagen, in denen Catmull Pixars größte organisatorische Transformation, die Übernahme durch Disney im Jahr 2006, beschreibt. »Gerade wegen der Unumgänglichkeit von Veränderung kämpfen Menschen darum, am Bekannten festzuhalten. Leider fällt es uns oft schwer zu unterscheiden zwischen dem, was funktioniert und bewahrenswert ist, und dem, was uns bremst und verworfen werden sollte. Bei einer Umfrage unter den Angestellten jedes Kreativunternehmens würde schätzungsweise die große Mehrheit sagen, sie glaube an Veränderung. Doch meine Erfahrung nach unserem Merger sagt mir etwas anderes: Die Furcht vor Veränderung – angeboren, hartnäckig und vernunftresistent – ist eine starke Kraft.«

Genau deshalb legte ich Wert darauf, auf dem Weg von der Label-Struktur zur Netzwerk-Architektur möglichst niemanden zu überfahren. Weder den genauen Weg noch das genaue Ziel wollte ich von oben herab vorgeben. Ich hielt es für essenziell, beides in offenen, kooperativen Prozessen zu finden – gemeinsam mit allen Beteiligten und von Eden McCallum dezent stützend moderiert. Was jeden einzelnen Mitarbeiter bewegte, war untrennbar mit dem ganzen Gebilde verbunden, erst recht, wenn wir in Richtung einer integrierteren Zukunftsstruktur marschieren wollten. Ebenso mussten wir berücksichtigen, dass nicht jeder auf dieselbe Weise und im selben Tempo den Wandel verinnerlicht. Nach vielen Beratungen, Arbeitsgruppen und Diskussionen bekam unsere Vision einen Namen: »One UFA«. Langsam, aber sicher spürte ich, dass mein Traum von *einer* strahlenden Marke immer mehr Unterstützer fand. Ein großer Teil der Belegschaft entwickelte im Laufe unserer Diskussionen die Bereitschaft, seine Identifikation und Loyalität vom jeweiligen Label auf die Muttermarke umzulenken, und verstand den Sinn dahinter. Ich war beglückt zu sehen, dass über zahlreiche einzelne Ideen, Vorschläge und Change-Projekte hinweg ein völlig neues Gemeinschaftsgefühl entstand. »One UFA« eben. Es zeigte mir, dass es goldrichtig war, keine Unternehmensberatung mit dem Zuschnitt einer neuen Struktur zu beauftragen und diese dann der Organisation aufzupfropfen, sondern die neue Struktur stattdessen inhouse, aus der Mitte der alten Struktur heraus, gemeinsam zu entwerfen.

Schöpferische Zerstörung

Wenn ich heute im Rückblick ehrlich bin, dann war das ein hohes Risiko. Als ich den Prozess anstieß, konnte ich den möglichen Ausgang nicht absehen. Und es gelang mir auch tatsächlich nicht, hundert Prozent aller geschätzten Mitstreiter für »One UFA« zu begeistern. Von einigen langjährigen Leistungsträgern unserer Gruppe, die sich dem Prozess nachhaltig widersetzten, musste ich mich schweren Herzens verabschieden. Aus heutiger Sicht jedoch lässt sich objektiv feststellen, dass die UFA in ihrer neuen Aufstellung weitaus leistungsfähiger geworden ist, Wachstumsschranken abgeworfen und Innovationskraft für eine komplexe globalisierte, digitalisierte Marktstruktur gewonnen hat. Aus vielen kleinen Einheiten schufen wir im Zuge des »One UFA«-Prozesses ein integriertes Kreativzentrum mit den drei operativen Bereichen UFA Fiction, UFA Serial Drama und UFA Show & Factual. Die vormaligen Labels UFA Fernsehproduktion, Phoenix Film und teamWorx gingen in der UFA Fiction auf, die alte Grundy UFA in der UFA Serial Drama. Beide fiktionale Bereiche wurden zudem durch teilweise Identität zwischen den Geschäftsführungen strategisch und organisatorisch eng aneinander geführt. Die nonfiktionalen Aktivitäten von Grundy Light Entertainment und UFA Entertainment vereinten wir in der UFA Show & Factual. Im Inneren vernetzten sich unsere kreativen Programmexperten über alte Silogrenzen hinweg – und zwar nicht nur gelegentlich im Rahmen eines Workshops, sondern dauerhaft im Arbeitsalltag. Die schöpferische Zerstörung machte auch vor unserer Unternehmenszentrale in Potsdam-Babelsberg nicht Halt: Weil wir in jeglicher Hinsicht durchlässiger werden und über klassische Genregrenzen hinweg neue Ideen entwickeln wollten, wurden Raumaufteilung und Innenarchitektur entsprechend an unsere neuen Bedürfnisse angepasst. Ungefähr ein Jahr nach der Umstellung gab es keinen Marktteilnehmer mehr, der noch nach teamWorx oder Grundy fragte. Das bestärkte uns in zwei zentralen Annahmen: Sender und Plattformen kaufen nicht bei Firmen, sondern bei herausragenden Produzentenpersönlichkeiten. Und die Attraktivität und Überzeugungskraft der von ihnen gestalteten Programmmarken hatte durch die Transformation sogar noch zugenommen.

Die Agilität, die heutzutage zu einem maßgeblichen Erfolgskriterium von modernem Management geworden ist, beschreibt natürlich vielmehr einen anzustrebenden Dauerzustand als eine einmalige Veränderung. Anstelle herkömmlicher Prozess- und Projektorientierung bedarf es einer agilen Organisationskultur, mit der ein Unternehmen gewinnbringend auf sein in ständigem Wandel befindliches Markt- und Wettbewerbsumfeld eingehen kann. Für ein Kreativunternehmen im audiovisuellen Markt gilt das aus meiner Sicht mit x-facher Potenz. Mein Nachfolger wird viel mehr und schnellere Veränderung zu managen haben als ich. Mit einer offenen Netzwerkstruktur statt ausgeprägter Hierarchie, mit mehr Transparenz und Dialog innerhalb des Unternehmens haben wir in der »One UFA« wesentliche Grundlagen für die Zukunftsfähigkeit gelegt. Dass Führungskräfte ihre Rolle nicht als kontrollierende Vorgesetzte verstehen, sondern ihren Teams maximale Verantwortung übertragen, zählt ebenfalls zu den höchsten Werten der Agilitätslehre. Dieses Prinzip hatten wir, wie beschrieben, ohnehin schon lange als Wesensmerkmal der UFA gepflegt. Rückblickend mögen einige meiner Aussagen aus der Babelsberger Terms-of-Trade-Rede von 1999 prophetisch im Hinblick auf den 13 Jahre später angestoßenen »One UFA«-Prozess erscheinen. »Auch die Programmproduktion wird sich auf neue Anforderungen einstellen müssen«, sagte ich damals. »Im Internet werden Sie nicht nur ein neues Vertriebssystem für bestehende Programminhalte finden, sondern auch eine Angebotsplattform für neue audiovisuelle Konzepte. [...] Es entstehen Kundenbeziehungen, die gepflegt und genutzt werden müssen. [...] Unser bestehendes Know-how reicht für die Bewältigung dieser neuen Aufgaben nicht aus. [...] Die Herausforderung besteht hier auch in der von uns geforderten Reaktionsgeschwindigkeit.« Als ich mich 2017 von der CEO-Rolle verabschiedete, konnte ich mit dem guten Gefühl gehen, dass wir die UFA für die genannten Herausforderungen gut vorbereitet hatten und dass es die Gesamtheit des Teams war, die das kreative, innovative und agile Potenzial der UFA voll zu entfesseln hatte. Wohl gemerkt als einen fortlaufenden Prozess, der nie zu einem endgültigen ›Idealzustand‹ gelangt.

10. DEMUT
ODER: WIE BLEIBT MAN OFFEN FÜR KRITIK VON AUSSEN?

»UFA TV ist für den Sender teuer und hat weniger Value.« Oder: »Wirklich kreative Leute haben in dem Unternehmen keine Chance, die gehen woanders hin.« Oder auch: »Die sind sich für manche Sachen zu schade.« Wenn man seine Kunden nach ehrlichem Feedback fragt, sollte man darauf gefasst sein, dass nicht nur Nettigkeiten zurückkommen. Wir waren dazu bereit. Als erste und einzige deutsche Produktionsfirma führte die UFA 2003 eine umfassende Kundenzufriedenheitsstudie ein, die dann in mehrjährigen Abständen wiederholt wurde. Wenn ich im achten Kapitel ausführlich über unsere internen Feedbacksysteme gesprochen habe, so legten wir einen vergleichbaren Ehrgeiz auch beim externen Feedback an den Tag. Und auch hier sollte das Leitprinzip der radikalen Offenheit gelten.

Um die erste Studie aufzusetzen, beauftragten wir das Institut NFO Infratest. Ziel sollte es sein, von unseren Kunden, den TV-Sendern, möglichst detailliert zu erfahren, wie ihre generellen Ansprüche an ein gutes Produktionsunternehmen aussahen, wie sie vor diesem Hintergrund die UFA als Gesamtunternehmen, die einzelnen Tochterfirmen sowie deren Kooperation mit den

Sendern bewerteten und welche Optimierungsvorschläge sie für uns hätten. Das Marktforschungsinstitut führte rund 20 Face-to-Face-Interviews à 60 Minuten mit Intendanten, Geschäftsführern, Programmdirektoren und Bereichsleitern der Sender sowie zusätzliche Telefoninterviews à 20 Minuten mit einem breiteren Kreis von Redakteuren. Das Gesamtbild der qualitativen Studie samt zahlreicher Einzelstimmen bekamen wir am Ende in einem dicken Folder präsentiert. Das Bild der UFA, das sich dort vermittelte, schien ziemlich positiv. Neben Angebotsvielfalt und Professionalität bescheinigte man uns Zuverlässigkeit und einen guten ›track record‹. Kritisch angemerkt wurde eine gewisse bürokratische Schwerfälligkeit. Die Beurteilung unserer einzelnen Labels fiel etwas auseinander: Grundy UFA wurde als kompetente Nummer eins bei Daily Soaps gelobt und allenfalls für geringe Transparenz bei den Verträgen kritisiert. Zwischen »Liebe zum Detail« und »fehlenden Eigenentwicklungen« schwankte das Zeugnis für Grundy Light Entertainment, zwischen »einfach gute Stoffe, sehr gute dramaturgische Kenntnisse« und »eitelste aller Produktionsstätten« jenes für teamWorx. Ein Resultat, das mir ins Auge fiel, betraf die Inhouse-Konkurrenz zwischen den Labels: Einige Kunden beklagten eine mangelnde Koordination in unserer Akquisearbeit und eine fehlende Abstimmung. Sofern die Befragten uns nicht ausdrücklich eine persönliche Botschaft zukommen lassen wollten, blieben Bewertungen und Zitate für uns anonym.

Befragung von Kunden

Mit gesteigertem Aufwand machten wir uns 2011 an unsere zweite Kundenzufriedenheitsstudie, diesmal mit dem Institut Human-Link. Zusätzlich zu den Fragen der ersten Studie gingen wir nun auch auf die Faktoren der Entscheidungsfindung in den Sendern, auf die bevorzugten Produzenten je nach Genre und auf Einschätzungen zu den Veränderungen des Markts ein. 21 Entscheider der obersten Ebene ließen sich persönlich interviewen, 29 Redakteure der mittleren Ebene beantworteten einen Online-Fragebogen. Erneut drückte sich ein positives Image der UFA aus: »groß, mächtig und erfolgreich«. In der Wahrnehmung rückte die Dachmarke zugunsten der Labels in den Hintergrund. Der UFA Fernsehproduktion wurde eine deutliche Verbesserung gegenüber 2003 bescheinigt: »Ehemalige Schwachstellen wurden weitgehend beseitigt«. Trotz hervorragendem Image von teamWorx stießen wie schon 2003 »hohe Kosten« und »mangelhafte Serienkompetenz« auf Kritik. Als Alarmsignal nahm ich die lauter werdenden Hinweise auf die Inhouse-Konkurrenz wahr. Man bemerke, dass »sich die Firmengrenzen zunehmend verwischen, vor allem was die Angebote angeht«. Ansonsten wurde in etlichen Details deutlich, dass wir unsere Hausaufgaben gemacht und Kritikpunkte aus der Vorläuferstudie beseitigt hatten. Da mir daran gelegen war, unser Unternehmen so aufzustellen, dass es stetig lernen und sich verbessern konnte, erwiesen sich die Studien also als wirkungsvolles Tool. Freilich ging es nicht darum, den Kunden in allen Punkten nach dem Munde zu reden. Wenn etwa hohe Kosten oder schwierige Vertragsverhandlungen beklagt wurden, neigte ich eher dazu, die jeweiligen Labelchefs zu beglückwünschen. Ja, wir hatten unseren eigenen Kopf und unsere eigene Qualitätsliga – daran sollte sich bitteschön nichts ändern. Eher amüsiert nahm ich manche Einschätzung meiner Person zur Kenntnis: »Über allen Firmen thront Bauer wie ein Godfather«, war da zu lesen, oder ich wurde mit einem »Sonnengott« verglichen. Dabei bemühte ich mich doch tagtäglich, meine Führungsrolle genau gegenteilig auszufüllen. Versöhnlicher klangen Formulierungen wie »Als Kunde hat man bei Bauer immer das Gefühl, dass er für einen da ist« oder »Er sprüht nur so vor Ideen und ist so innovativ«.

Wenige Monate vor meinem Ausscheiden aus der Geschäftsführung im Herbst 2017 schlossen wir die dritte große Studie ab,

die nun nicht mehr »Kunden-«, sondern »Partnerzufriedenheits-
studie« hieß. 26 Personen der oberen Managementebene von
Sendern und Streaming-Plattformen wurden persönlich befragt,
50 Personen aus dem mittleren Management sowie Autoren und
Regisseure nahmen online teil. Inzwischen hatten wir den »One
UFA«-Prozess erfolgreich abgeschlossen, die Label-Struktur war
Geschichte. Dafür erhielten wir erfreuliches Lob: »Ausnahmslos
alle bewerten den Schritt der Umstrukturierung als positiv, gelungen und zeitgemäß«, hieß es in der Managementsummary.
»Die UFA wirkt nun schlanker, schneller und in sich geschlosse-
ner. Zudem erscheinen die einzelnen Bereiche gleichberechtigter.
Für die Mehrheit der Face-to-Face-Befragten ist die Umstrukturierung gut, weil sanft über die Bühne gegangen. Die Koopera-
tionen haben nicht darunter gelitten, da die meisten Ansprechpartner konstant blieben.« Die Mehrzahl der befragten Sender-
verantwortlichen gab zu Protokoll, ihnen sei bewusst, dass durch
Streaming-Plattformen »neue, gute Chancen« für Produktionsunternehmen entstünden. Man könne »freier, waghalsiger und
von den Sendern unabhängiger« produzieren. Zudem sei mehr
Finanzkraft im Markt, wodurch sich die Qualität steigern lasse.
Dem folgte allerdings die Forderung, die Sender nicht zu ver-
nachlässigen. Zum Haupttreiber im digitalen Wandel erklärten
die allermeisten Befragten die Produktionsunternehmen: »Von
ihnen erwarten aufgrund ihrer Struktur und personellen Aus-
stattung insbesondere die öffentlich-rechtlichen Sender den kreativen und beratenden Input.«

Feedback-Kultur

Es liegt in der Natur der Sache, dass ich auf zahlreiche geschäftliche Details, die in nahezu hundert Seiten Studienzusammen-
fassung stecken, nicht näher eingehen kann. Da sich die Part-
nerzufriedenheitsstudie aber als wertvolles Instrument für die

strategische Feedback-Kultur der UFA erwiesen hat, wollte ich sie zumindest nicht unerwähnt lassen. Sie liefert sehr viel systematischere und objektivierbarere Anhaltspunkte, als es einzelne, projektbezogene Feedback-Gespräche nach Abschluss einer Produktion leisten können. Der erforderliche Aufwand und der nötige Mut, offene Kritik anzuhören, zahlen sich auf jeden Fall aus, wenn man in der permanenten Weiterentwicklung seines Unternehmens »from good to great« streben will. Für viele Industriezweige sind solche Studien seit jeher eine Selbstverständlichkeit. Für programmkreative Unternehmen stellen sie eine echte Professionalisierungschance dar.

11. SCHEITERN
ODER: WESHALB IST EIN BLAUES AUGE
DANN UND WANN GAR NICHT SCHLIMM?

Einmal muss ich doch noch aus unserer Kundenzufriedenheitsstudie von 2011 zitieren. Mit Bezug auf die UFA Cinema hieß es
dort: »Der Gründung dieses Unternehmens hatte man hoff-
nungsvoll entgegengesehen, allerdings gilt der Start als miss-
lungen. Die Erwartungen waren übersteigert, die vollmundigen
Ankündigungen wurden nicht eingehalten [...] UFA Cinema sollte sich in anfänglicher Bescheidenheit üben und die Außenkom-
munikation darauf ausrichten. Man wünscht dem Unternehmen
endlich einen großen Kinoerfolg.«

Der große, durchschlagende Kinoerfolg sollte zwei Jahre später mit dem *Medicus* kommen. Aber ansonsten traf die Kritik leider ins Schwarze. Dass uns, dem Marktführer, ein gewisses Maß
an Häme entgegenschlug, fand ich wenig überraschend. Um
zu verstehen, was bei der ambitionierten Mission UFA Cinema
schiefgelaufen ist, muss man ein bisschen ausholen. Seit meiner
Filmreihe mit Dieter Hallervorden in den 1980er-Jahren hatte
ich immer wieder mal mit dem Kino geliebäugelt. Von einzelnen, eher opportunistisch als strategisch geplanten Kinofilmen
abgesehen, blieb die UFA der großen Leinwand jedoch nahezu

zwei Jahrzehnte fern. Das hatte seine Gründe: Im Gegensatz zum amerikanischen, britischen oder französischen Kinomarkt war und ist der deutsche nicht groß genug, um Filme ab einer bestimmten Budgetgröße refinanzieren zu können. Ein durchschnittlicher Film, der in Deutschland um die Jahrtausendwende fürs Kino produziert wurde, hatte ein Budget von ungefähr zweieinhalb bis drei Millionen Euro. Selbst diese, im Vergleich zum US-Markt überschaubare, Investition konnte ohne regionale und staatliche Förderung nicht aufgebracht werden, weil sie durch die Einnahmen an den Kinokassen sowie aus der Fernseh- und Videoverwertung nur in Ausnahmefällen refinanziert wurde. Alle paar Jahre streckten wir unsere Fühler aus, prüften die Lage und kamen zum selben Ergebnis: Einzelne Filme aus kreativer Lust, wenn sich ein guter Stoff fand, gern – aber ein wirtschaftlich sinnvolles Geschäftsmodell war für uns nicht zu sehen. Unsere Einschätzung änderte sich erstmals im Laufe des Jahres 2007. Zwei wesentliche Faktoren zeigten eine andere Tendenz als vorher: Zumindest für überdurchschnittlich attraktive deutsche Kinofilme waren verbesserte Exportchancen erkennbar, und mit dem Aufkommen neuer digitaler Plattformen wurden relevante zusätzliche Verwertungsmöglichkeiten vorstellbar.

Herausforderung Kinofilm

Der Businessplan, den wir für uns als realistisch errechneten, zielte auf Menge und auf Größe ab: Mit einer Portfoliostrategie von bis zu 15 Filmen pro Jahr, deren Budgets zwischen vier und 15 Millionen Euro, in Ausnahmefällen auch darüber, liegen sollten, wären wir in der Lage, den Attraktionswert des deutschen Films insgesamt zu erhöhen. Es ging uns nicht um noch mehr nischige Arthouse-Filme, sondern um den kommerziellen Mainstream, der zum damaligen Zeitpunkt nur von der Constantin Film regelmäßig und nachhaltig bedient wurde. Etwa die Hälfte dieses

Vertriebsportfolios wollten wir selbst produzieren, den Rest von anderen Produzenten zukaufen. Es war meine feste Überzeugung, dass wir nur dann eine Chance hätten, wenn wir die komplette Verwertungskette inklusive Kinoverleih und Home Entertainment kontrollieren würden. Den Businessplan für die ersten zehn Jahre hatten wir auf dieser Basis berechnet. Zur Minderung des finanziellen Risikos hatten wir die Investitionsbank des Landes Brandenburg als Partner gewonnen. Sie hatte sich nach langen Verhandlungen bereit erklärt, 50 Prozent der Anlaufinvestitionen zu übernehmen. Leider konnte ich den Plan innerhalb der RTL Group nicht durchsetzen. Dem Konzern war das Risiko zu groß, Produktion *und* Vertrieb in dem neuen Unternehmen zu vereinen, er wollte uns nur die Produktion gestatten. Es war mein Fehler, dass ich damals nicht konsequent war. Eigentlich hätte ich das gesamte Projekt absagen müssen. Denn nachhaltiger Geschäftserfolg in diesem Risikosegment kann nur *mit* dem Vertrieb entstehen. Im Falle eines echten Box-Office-Hits muss man nämlich in der Lage sein, jeden Cent einzusammeln, um die unvermeidbaren Flops damit auszugleichen. Ohne die entsprechende Vertriebsstruktur kann man nicht angemessen vom Hit-Business profitieren, und dem Modell fehlt quasi eines seiner Standbeine. Zu diesem Zeitpunkt waren aber schon etliche tolle Filmprojekte, unter anderem auch *Der Medicus*, in Entwicklung und wir entsprechend von unserer kreativen Leidenschaft getrieben. Zudem hatten wir Thomas Peter Friedl, den langjährigen Verleihchef der Constantin Film und eine ausgewiesene Kinokoryphäe, für die UFA Cinema gewonnen. Also zogen wir unseren Plan mit eingebauter Hürde durch und starteten im Frühjahr 2008 den Geschäftsbetrieb. Im ersten Schritt nahmen wir den Mund voll, aber nicht zu voll. Wir kauften die Titelseite von *Blickpunkt Film* und enthüllten die zehn Projekte unserer ersten Staffel. Der Markt zeigte sich überrascht und beeindruckt von unserem geplanten Volumen – ein Effekt, der uns durchaus gefiel. Auf Drängen meines Teams legten wir bereits vier Wochen später nach und kündigten erneut auf dem Titel von *Blickpunkt Film* eine zweite Zehnerstaffel an. Die Latte hing damit ganz oben.

Das war eindeutig zu viel des Guten. Für einen neuen Player, selbst aus dem Hause UFA, schien es vermessen, auf einen Schlag 20 große Filmprojekte anzukündigen. Bei aller Begeisterung hätte ich mich zu solchem Großsprech nicht verleiten lassen dürfen. Es kam, wie es angesichts des unvollständigen Geschäftsmodells kommen musste: Da zu viele Projekte unterfinanziert waren und wir das Greenlight nicht zum geplanten Zeitpunkt geben konnten, schafften wir statt sechs bis acht Filmen pro Kalenderjahr nur zwei bis drei. Im Zuge des »One UFA«-Prozesses integrierten wir das Kinogeschäft folgerichtig mit verringerter Stückzahl und verringerter Erwartung in die UFA Fiction. Wie gesagt: Eine gewisse Häme war bei dieser Abfolge der Ereignisse absolut verständlich. Dabei fiel die Kino-Bilanz für sich genommen gar nicht schlecht aus. Unterm Strich entstanden bis zu meinem Ausscheiden aus der Geschäftsführung 14 Kinofilme, die auf einen Besucherschnitt von 950.000 pro Film kamen. Darunter *Der Medicus*, der allein in Deutschland mehr als 3,6 Millionen Zuschauer ins Kino lockte, oder die Hape-Kerkeling-Verfilmung *Ich bin dann mal weg* mit knapp zwei Millionen Besuchern.

Horror-Thriller-Serie fürs Handy

Auch an anderer Stelle verbrannte ich mir ein wenig die Finger, was nicht ausbleibt, wenn man sich als Unter*nehmer*, nicht als Unter*lasser* versteht. »Verloren in Berlin«, titelte die *Süddeutsche Zeitung* im Dezember 2006 und fuhr fort mit der Unterzeile: »Die UFA hat die erste TV-Serie fürs Mobiltelefon gedreht – und zeigt sie erst mal nicht.« Gemeint war unser Projekt *Kill Your Darling*, eine für den Handy-Bildschirm optimierte Horror-Thriller-Serie mit 30 Folgen à drei Minuten. Zwei Jahre hatten wir an der Entwicklung gearbeitet und im Zusammenspiel zwischen Marc Lepetit, dem verantwortlichen Producer der Phoenix Film, dem Business Development der UFA und mehreren Regisseuren eine Art neue Grammatik definiert, wie sich die Darsteller selbst mit speziellen Kameras gegenseitig filmten. Viele Close-ups, keine Totalen, alle drei Minuten ein Cliffhanger, lauteten die Grundregeln. Nur zur Erinnerung: An das iPhone oder an schnelle LTE-Mobilfunknetze war damals noch nicht zu denken. Wir sahen dennoch einen spannenden Zukunftsmarkt vor uns und begannen im Frühjahr 2005 mit der Entwicklung verschiedenster mobiler Formate für UMTS-Handys. Ich war überzeugt, dass wir mit unseren Programminhalten einen Beitrag zur erfolgreichen Durchsetzung des neuen Mobilfunkstandards im Markt leisten könnten – so wie kurz zuvor *American Idol*, die US-Version von DSDS, den bis dahin im US-Markt ungebräuchlichen SMS-Kurznachrichten zum Durchbruch verholfen hatte, indem es das Publikum auf diese Weise abstimmen ließ. Dem Gros der Konsumenten war noch nicht bewusst, welcher konkrete Mehrwert für sie mit dem Upgrade von einem GPRS- oder EDGE-fähigen Gerät auf ein UMTS-fähiges verbunden war. Lediglich eine Million davon waren zum damaligen Zeitpunkt verkauft. Wir präsentierten unsere Ideen bei sämtlichen Netzbetreibern und stießen auf großes Interesse. In mehreren Interviews gab ich die Losung aus, dass wir zum Weihnachtsgeschäft 2005 als ›first mover‹ unter den TV-Produzenten ins UMTS-Content-Geschäft einsteigen wollten. Unternehmerisch schien das Geschäftsfeld Mobile Entertainment reizvoll, weil der Nutzer am Handy eine höhere Zahlungsbereitschaft als damals noch auf größeren Bildschirmen erkennen ließ und weil sich für Inhaltekreateure wie die UFA ein völlig neuer Kundenkreis mit partizipativen Geschäftsmodellen abzeichnete. Doch es kam anders als erhofft: Die Marktdurchdringung von Standard und Endgeräten lief schleppend, entsprechend verzögerten die Mobilfunkanbieter ihre zusätzlichen Ausgaben. Es wäre schlicht viel zu früh gewesen,

Kill Your Darling in einem so kleinen Markt zu launchen. Aus dem Projekt, das bis 2008 ungesendet bei unserem Kooperationspartner O2 lag, machten wir schließlich ein 90-minütiges TV-Movie für ProSieben und veröffentlichten die ursprünglich fürs Handy gedrehten Kurzepisoden vor der Ausstrahlung als ›Webisodes‹ auf der Webseite des Senders.

Wir waren unserer Zeit voraus und zahlten dafür Lehrgeld. Das kurzfristige Scheitern führte jedoch zu einer langfristigen Erfolgsstrategie. Mitten in die Entwicklung der zahlreichen Handy-TV-Formate fiel nämlich eine organisatorische Umstellung: Wir schufen in der Holding die zentrale Einheit UFA Interactive, die fortan alle neuen Inhalte- und Geschäftsmodelle für Online, Mobile oder Games zwischen den Kreativen der einzelnen Labels koordinierte. Nach dem Vorbild von Inkubatoren aus dem Tech-Sektor erklärten wie ›Trial & Error‹ zum Leitprinzip. Da wir am Anfang nicht wissen konnten, welche Programme oder Services am Ende erfolgreich sein würden, ermöglichten wir unseren Kreativen in einem strukturierten Innovationsprozess möglichst viele Experimente, aus denen wir dann jene Projekte mit erkennbaren Marktchancen herausfilterten. Dem Gedanken des Zukunftslabors folgend, wuchs UFA Interactive 2009 unter unserem visionären Digitalchef Jens-Uwe Bornemann zum UFA Lab, der zentralen digitalen Einheit der Gruppe mit Standorten in Berlin und Köln. Von preisgekrönten Transmedia-Projekten über reichweitenstarke Social-Media- und Web-TV-Formate – darunter die erste deutsche Webserie *Pietshow* bei StudiVZ – bis hin zu Apps und Games, VR- und AR-Anwendungen gelang es uns, die ganze Klaviatur eines modernen digitalen Bewegtbildproduzenten zu bespielen. Ich nehme an, es ist als Ausweis von Reife und Stellenwert des früheren Labs zu verstehen, dass die zwischenzeitlich in UFA X umbenannte Unit Anfang 2019 von der RTL Group mit deren Influencer-Netzwerk Divimove zusammengeführt wurde. Eine Transaktion, die ich nur noch von außen beobachtet habe.

12. BRÜCKENSCHLAG ODER: WIE LASSEN SICH KULTUR- UND WIRTSCHAFTSFAKTOREN UNTER EINEN HUT BRINGEN?

Es dürfte kaum überraschen, dass ich für die UFA und den Kern unserer Tätigkeit, die kreative Programmproduktion, in Anspruch nehme, eine kulturelle Institution zu sein. Einfluss und Wirkungsmacht der von uns erdachten und realisierten bewegten Bilder habe ich hinlänglich beschrieben. Wer nicht mit einem völlig snobistischen Kulturbegriff vom Elfenbeinturm herabblickt, wird die kulturelle Bedeutung unseres Schaffens erkennen.

Und doch fand ich über die Jahrzehnte meines Engagements für diese Auffassung nur wenige, die sie mit mir teilten. Umso begeisterter war ich natürlich, als Jan Mojto – herausragender Vertreter unserer Branche und langjährig geschätzter Partner als Programmvertriebsexperte, Koproduzent und Ermöglicher von ehrgeizigen Film- und Serienprojekten – in seiner Keynote auf dem Deutschen Produzententag 2017 das Thema aufgriff. »Ich möchte hier daran erinnern«, so Mojto damals, »dass Ihre Produkte, unsere Produkte, also Filme oder [...] audiovisuelle Produkte, der effizienteste Träger dieser kulturellen weichen Faktoren sind, und zwar auch in Zeiten von Social Media und Online-

Marketing. Und zwar, weil sie auf subtile und vielschichtige Art und Weise nicht nur eine Geschichte erzählen, sondern auch eine Aussage über die Menschen und das Land, in dem sie entstanden sind, abgeben, weil sie Einblicke geben in die Lebensumstände, in den Alltag, die Arbeit, die Kultur usw., weil sie offenbaren, wie ein Land sich mit seiner Geschichte auseinandersetzt, wie es sie lebt, welche Fragen das Land beschäftigen und auf welche Art und Weise und mit welcher Ernsthaftigkeit und auch mit welchem Humor sich das Land damit auseinandersetzt.« Mojto folgerte daraus, dass Produzenten Botschafter für kulturelle Werte seien, und appellierte schließlich: »In einer Zeit, in der politische und gesellschaftliche Werte zunehmend relativiert werden, ist es, glaube ich, wichtig, daran zu erinnern, dass es grundlegende Werte gibt, die nicht dem Zahn der Zeit geopfert werden dürfen. Sie Produzenten können dies tun.«

Filmnächte unter freiem Himmel

Um der aus diesem Verständnis resultierenden Verantwortung nicht nur in zahlreichen Programmen gerecht zu werden, war es mir immer wichtig, dass wir uns mit der UFA auch jenseits unserer Kerntätigkeit kulturell engagierten. Die »UFA Filmnächte« sind dafür ein gutes Beispiel, das sich bis heute großer Beliebtheit erfreut. 2011 fingen wir an, gemeinsam mit Bertelsmann jeden Sommer UFA-Klassiker aus der Stummfilmzeit unter freiem Himmel, begleitet von einem Live-Orchester, aufzuführen – zunächst im Potsdamer Schlosspark Sanssouci, dann auf dem Schinkelplatz in Berlin-Mitte, seit 2014 auf der Museumsinsel. Die Filmnächte haben es nicht nur geschafft, ein festes Event im Kulturkalender der Hauptstadt zu werden, sondern sie bieten auch eine weithin sichtbare Plattform für das bedeutende filmische Erbe, das Kreative in aller Welt noch immer inspiriert. Auch in Brüssel, Madrid, Paris und New York fanden die »UFA Film Nights« mehrfach internationalen Anklang. Zum 100-jährigen Jubiläum der UFA gingen wir eine umfassende Kooperation mit der Deutschen Kinemathek – Museum für Film und Fernsehen ein. Eine von Peter Mänz und Klaudia Wick kuratierte Ausstellung unter dem Titel »Die UFA – Geschichte einer Marke« machte in Berlin und München sämtliche Facetten des Unternehmens – vom allerersten UFA-Filmverleihprogramm der Saison 1919/20 bis zum 2017 entstandenen volumetrischen Virtual-Reality-Film *Ein ganzes Leben* von UFA Lab und Fraunhofer Heinrich-Hertz-Institut – für die Besucher erlebbar. Schon Monate vor den eigentlichen Jubiläumsfeierlichkeiten arbeitete ein zweitägiges wissenschaftliches Symposium der Deutschen Kinemathek unter dem Titel »Linientreu und populär« die UFA-Geschichte der Jahre 1933 bis 1945 auf. Im Austausch mit namhaften nationalen und internationalen Historikern sowie einer neuen Forschergeneration blickten wir schonungslos auf den Zusammenhang von devoter Unterwerfung unter politischen Vorgaben und populären Erzählformen mit subtiler völkischer Botschaft. Ein verstörender, aber lehrreicher Missbrauch der Wirkungsmacht filmischer Erzählung.

Ihren Anspruch als Kulturfaktor hat die UFA insbesondere auch mit ihrem vielfältigen Engagement für den kreativen Nachwuchs untermauert. Von Nico Hofmann und Bernd Eichinger wurde »First Steps – Der Deutsche Nachwuchspreis« ins Leben gerufen und gilt heute als die renommierteste Auszeichnung für Abschlussfilme deutschsprachiger Filmschulen. Die UFA war vom ersten Tag an einer der tragenden Partner des Preises, der sich längst zu einem stetigen Netzwerk und Mentorenprogramm für junge Filmschaffende gemausert hat. Als die Filmakademie Baden-Württemberg im Jahr 2000 den wegweisenden neuen Studiengang »Serien-Producing« in ihr Curriculum aufnahm, der sowohl Drehbuch- als auch Produktions-Studierende auf die Anforderungen der modernen Serienproduktion vorbereitet, war die UFA mit fachlicher wie finanzieller Unterstützung an Bord und ist es bis heute. Immerhin drei UFA-Professoren prägen das Studienangebot in Ludwigsburg nachhaltig: Nico Hofmann seit 1995 als leitender Dozent des von ihm mit aufgebauten Fachbereichs Szenischer Film, UFA- und UFA-Serial-Drama-Geschäftsführer Joachim Kosack seit 2005 als Leiter der Serienabteilung und UFA-Fiction-Produzent Christian Rohde seit 2007 als Dozent und seit 2017 als Leiter des Studiengangs Produktion. An der Filmuniversität Babelsberg lehrt UFA-Fiction-Geschäftsführer Benjamin Benedict seit 2016 als Honorarprofessor im Studiengang Film- und Fernsehproduktion. Die heutige Präsidentin der Filmuniversität, Susanne Stürmer, stand 15 Jahre in Diensten der UFA, sieben davon als Geschäftsführerin für Corporate Affairs. Eine Reihe weiterer UFA-Mitarbeiter bringen ihr Know-how als Gastdozenten an verschiedenen Filmhochschulen ein. Wenn es um solche Nebentätigkeiten ging, die ja durchaus eine Menge Zeit und Energie kosten, gab ich als CEO immer gern grünes Licht. Als Marktführer trägt man einerseits eine gewisse Verpflichtung und profitiert andererseits von der fortschreitenden Professionalisierung des Branchennachwuchses. Von unseren Einrichtungen zur internen Fort- und Weiterbildung habe ich bereits berichtet.

Kulturelle Verantwortung

All das sind Initiativen, die der UFA keinen finanziellen Profit einbringen, sondern im Gegenteil sogar spürbar Geld kosten. So etwas muss man seinen Gesellschaftern mitunter erklären, wobei ich im Fall von Bertelsmann die angenehme Erfahrung gemacht habe, dass das Bewusstsein für die eigene gesellschaftliche und kulturelle Verantwortung stets im Konzern verankert war. Es gab ja auch, objektiv betrachtet, an der wirtschaftlichen Performance der UFA nichts auszusetzen. Wir leisteten uns das gezielte Investment in Kulturfaktoren, während wir gleichzeitig unsere Wirtschaftsfaktoren im Blick behielten und gutes Geld verdienten. Nach meinem Verständnis gehören diese beiden Seiten für ein erfolg- und einflussreiches Unternehmen der Kreativindustrie untrennbar zusammen. Als Vergleich ziehe ich gern eines der rund 200 deutschen Privattheater heran – unsubventionierte Bühnen, die allein von ihren Ticketverkäufen leben und daher mit ihrem Programmangebot überzeugen müssen. Auf Dauer funktioniert das nur, wenn die kulturelle mit der unternehmerischen Brillanz einhergeht. Nun mögen manche einwenden, diese Brückenfunktion sei in unserem Metier doch selbstverständlich und ergebe sich quasi von selbst. Da kann ich nur sagen: Schön wär's! Vielmehr lehrt mich die Erfahrung, dass die Außenwahrnehmung unseres Tuns oft eine ganz andere ist. Da wird etwa Daily Soaps oder Casting-Shows ihre gesellschaftlich-kulturelle Bedeutung vorschnell abgesprochen – während man zugleich den wirtschaftlichen Stellenwert der dahinterstehenden Unternehmen unterschätzt. Das ist eine Haltung, die mir aus Teilen der Gesellschaft, der Wirtschaft, vor allem aber aus der Politik immer wieder begegnet ist. Doppeltes Unrecht sozusagen, ohne dass ich hier den Anschein von Larmoyanz erwecken möchte. Dass die programmproduzierenden Unternehmen in Deutschland mit rund fünf Milliarden Euro Umsatz und rund 37.000 Mitarbeitern eine wichtige Säule der Kultur- und Kreativindustrie darstellen, ist eine Erkenntnis, die sich im Bewusstsein politischer Entscheidungsträger nur langsam durchzusetzen scheint. Oft haben Abgeordnete und Regierungsmitglieder auf Bundes- wie auf Länderebene eine größere gedankliche Nähe zu TV-Sendern, weil sie dort Interviews geben und sich davon wirksame Wahlkampfhilfe versprechen oder gar in Aufsichtsgremien sitzen. Dass die Sender außerhalb der Informationsschiene ohne Produzenten nicht viel zu senden hätten, wird dabei gern mal vergessen. Als CEO des Marktführers habe ich es als meine Aufgabe betrachtet, unsere Rolle und unser Selbstverständnis beharrlich gegenüber der Politik zu erläutern.

Mich verwundert vor allem, dass es noch immer nicht gelungen ist, die unbestreitbaren Wachstumsimpulse unserer Branche für sinnvolle industriepolitische Maßnahmen zu nutzen, die der Allgemeinheit zugutekämen. Insbesondere im Hinblick auf die zunehmend auch international gefragten High-End-Serien fehlt es uns in Deutschland nämlich an effektiven Finanzierungs- und Förderstrukturen. Um den hohen Ansprüchen gerecht zu werden und auf dem Weltmarkt erfolgreich zu sein, bedarf es schon in der Entwicklungsphase eines überdurchschnittlich hohen Budgets. Anders als bei reinen Auftragsproduktionen geht der Produzent mit einem nicht unerheblichen Eigenanteil ins Risiko. Ohne finanzstarke Partner geht das so gut wie nie, meist auch nicht ohne Fördermittel. Wenn es an letzteren fehlt, müssen Produktionen zwangsläufig auf andere Länder mit besseren Förderstrukturen ausweichen. Das ist der Grund, warum wir *Charité*, *Der gleiche Himmel* oder *Nackt unter Wölfen* in Tschechien gedreht haben. Glauben Sie mir: Ich hätte diese Produktionen viel lieber dort angesiedelt, wo sie auch spielen. Nico Hofmann und ich wiesen Anfang 2018 in einem gemeinsamen Beitrag für die *Frankfurter Allgemeine* auf den Umstand hin, dass »allein die UFA jährlich zweistellige Millionenbeträge im Ausland investiert, die damit nicht in den Produktionsstandort Deutschland fließen. Auch andere Produktionsfirmen verfahren ähnlich – eine für den Produktionsstandort Deutschland bedauerliche Entwicklung.« Trotz gewisser Verbesserungen beim German Motion Picture Fund und bei manchen Länderförderern befinden wir uns insgesamt nach wie vor in der Situation, dass die bundesdeutsche Förderung zu stark auf den Verbreitungsweg Kino fokussiert ist, dass wir zu viel geschmacksorientiertes staatliches Mäzenatentum und zu wenig klar wirtschaftlich ausgerichtete Anreizförderung haben. Und das, obwohl eine Studie des Bundeswirtschaftsministeriums 2017 zu dem durchaus beeindruckenden Befund kam: »Je Euro direkter Bruttowertschöpfung, der aus den Kernaktivitäten der Filmwirtschaft resultiert, werden insgesamt 1,60 Euro an Wertschöpfung in der Volkswirtschaft realisiert; je ein direkt Beschäftigter ergibt einen Gesamteffekt von 2,1 Erwerbstätigen. Diese Verflechtungen mit der Volkswirtschaft insgesamt sind signifikant, wie der Vergleich mit verschiedenen Dienstleistungssektoren verdeutlicht.« Von unseren europäischen Nachbarn wissen wir, dass Anreizmodelle sich selbst tragen und die öffentlichen Haushalte nicht nur nicht belasten, sondern vielmehr zu Steuermehreinnahmen führen. Der Return-of-Investment-Faktor liegt beim Zwei- bis Vierfachen der Staatsausgaben, in Großbritannien gar beim Zwölffachen. Zusammen mit dem ebenso regelmäßig durch Produktionsanreizmodelle ausgelösten Beschäftigungswachstum ließen sich also erhebliche positive volkswirtschaftliche Effekte erzielen. Deutschland hat in dieser Hinsicht gewaltigen Nachholbedarf.

Wertekodex der UFA

Wer eine dauerhaft erfolgreiche Balance von Kultur- und Wirtschaftsfaktoren gewährleisten will, muss also aktiv am Ball bleiben, egal ob im Unternehmen oder in der Volkswirtschaft. Dabei hilft es, wenn man die übergeordneten Werte des Unternehmens in einem Kodex festhält und den eigenen Kompass somit transparent für alle internen wie externen Stakeholder sichtbar macht. Wir haben das innerhalb der UFA getan, und zwar wiederum in einem konzertierten Teamprozess. Aus der Mitte der Belegschaft heraus kamen die Impulse, Wünsche und Erfahrungen, wie wir unseren Anspruch des »Inspiring Entertainment« definieren wollten. Der UFA-Wertekodex, der dabei entstand, besteht kurz und prägnant aus vier Leitsätzen:

- Unsere Unterhaltungsprogramme sind Qualitätsprodukte, mit denen wir das Publikum begeistern und anregen möchten.

- Wir nehmen die Zuschauer ernst und reflektieren die Wirkung, die unsere Programme auslösen.
- Wir übernehmen jederzeit Verantwortung für unsere Produkte und vertreten unsere Werte gegenüber den Sendern.
- Wir pflegen eine interne Gesprächskultur und genreübergreifenden Austausch über die Haltung zu unseren Formaten.

Aufmerksame Leser dieses Buchs werden etliche Gedanken aus vorangegangenen Kapiteln als eine Art Kondensat in diesem Wertekodex wiederfinden. Mit dem ersten Satz verpflichten wir uns durchaus selbstbewusst der Unterhaltung und bekennen uns dazu, Geschichten glaubhaft zu erzählen und Emotionen auslösen zu wollen. Zugleich schreiben wir uns ins Stammbuch, Skandalisierung um ihrer selbst willen sowie Tabubrüche zur reinen Aufmerksamkeitssteigerung zu vermeiden und Grenzen nur dann zu überschreiten, wenn dies gesellschaftlich und inhaltlich notwendig ist. Mit dem zweiten Satz bekennen wir uns zur Auseinandersetzung mit den Wirkungsmechanismen unserer Inhalte. Dies soll die Teilhabe der Zuschauer am Wertediskurs ausdrücklich einschließen und bedeutet für uns auch, verantwortlich mit den Gefühlen des Publikums umzugehen. Der dritte Satz soll zum Ausdruck bringen, dass wir unsere Protagonisten wertschätzen und die Würde derjenigen achten, deren Geschichten wir erzählen, dass wir für unseren Standpunkt eintreten und die Mitwirkenden sowohl mit den realen Notwendigkeiten des Produktionsprozesses als auch mit der möglichen Wirkung unserer Produkte vertraut machen. Der vierte Satz schließlich soll uns zu regelmäßigen internen Diskussionen verpflichten, da weder die Haltung zu unseren Programmen noch der Inhalt des Wertekodex selbst für alle Zeiten in Stein gemeißelt sind, sondern sich natürlich dynamisch weiterentwickeln können. Ich persönlich würde diese vier Sätze jederzeit wieder unterschreiben. Gerade weil man als Inhalteproduzent nicht nur

Wirtschaftsunternehmen ist, sondern auch einen gesellschaft-
lich-kulturellen Einflussfaktor darstellt, finde ich es unverzichtbar, einen hell leuchtenden Nordstern der eigenen Verantwortung zu haben.

13. SEHNSUCHT
ODER: WIE FINDET MAN DIE FASZINATION, DIE EINEN NICHT MEHR LOSLÄSST?

Meine Sehnsucht schlug am Rand der marokkanischen Wüste bei 40 Grad im Schatten zu. Unmissverständlich. In der berühmten Filmstadt Ouarzazate am Fuß des Hohen Atlas, wo *Lawrence of Arabia*, *Star Wars*, *Gladiator* oder *Game of Thrones* entstanden, drehten wir im Sommer 2012 für das lang erwartete Prestigeprojekt unserer UFA Cinema, die Verfilmung von Noah Gordons Weltbestseller *Der Medicus*. In der Kulisse einer imposanten Burg, die Ridley Scott einst für *Kingdom of Heaven* errichten ließ, setzte Regisseur Philipp Stölzl unsere Hauptdarsteller Tom Payne, Ben Kingsley, Olivier Martinez und Stellan Skarsgård sowie ein halbes Dutzend arabischer Hengste in Szene, nachdem kurz zuvor die Lichttechniker einmal mehr waghalsig auf die Burgzinnen geklettert waren, um ihre Scheinwerfer auszurichten.

Für mich schloss sich mit der 26-Millionen-Euro-Produktion ein Kreis, den ich 25 Jahre zuvor betreten hatte. Wie sechs Millionen weitere Leser allein in Deutschland hatte mich die Geschichte des jungen Medizinstudenten, der aus dem Dunkel des römisch-katholischen Mittelalters ins Licht des Orients reist, regelrecht umgehauen. Mit seinem Plädoyer – mit dem uns

Menschen eigenen unstillbaren Erkenntnisdrang – für religiöse Toleranz und Respekt vor der arabischen Hochkultur war Gordons 900-Seiten-Roman viel mehr als nur ein spannender Historienschmöker. Ich bemühte mich gleich nach Erscheinen des *Medicus* um die Filmrechte, kam aber zwei Wochen zu spät. Dietrich Grönemeyer hatte den Zuschlag erhalten, doch das Projekt kam nicht recht voran. Nacheinander versuchten sich Senator Film, Constantin Film und weitere Produzenten daran, ohne jemals eine Finanzierung bis zur Drehreife hinzukriegen. Als 2008 die Rechte an Noah Gordon zurückfielen, sah ich meine Chance gekommen. Freilich mussten Nico Hofmann, der vom *Medicus* ebenfalls begeistert war, und ich erst zweimal nach New York fliegen, bevor Gordons Agent überhaupt einem persönlichen Treffen mit seinem Klienten zustimmte. Dann brauchte es drei Reisen nach Boston, um den ebenso charismatischen wie skeptischen Schriftsteller von einem erneuten Anlauf zu überzeugen. Auf langen Spaziergängen erklärten Nico und ich ihm, wie wir uns den Film-*Medicus* vorstellten. Gordon lag besonders am Herzen, dass aus seinem Stoff ein europäischer Film und kein monumentaler Hollywood-Kitsch würde. Es war äußerst bewegend, als wir ihm das Ergebnis knapp fünf Jahre später in einem Kino in Boston vorführen konnten, das wir in der Nähe seiner Seniorenresidenz angemietet hatten. »Er riecht wie mein Buch«, sagte der damals 87-Jährige über den Film. Und seine Frau Lorraine weinte vor Rührung darüber, dass zumindest eines seiner Bücher noch zu seinen Lebzeiten verfilmt worden war.

Der Medicus als Wendepunkt

Es war während der Dreharbeiten zum *Medicus*, dass sich tief in mir etwas veränderte. Eine Sehnsucht, die mir irgendwie vertraut, aber lange verborgen vorkam, bahnte sich den Weg aus dem Bauch in Richtung Herz. Als wir den Film fertigstellten, war sie im Kopf angelangt. Mir war klar, ich wollte, nein, ich *muss-te* wieder Produzent werden. Und zwar komplett, nicht nur in Teilzeit. Als CEO einer großen Unternehmensgruppe war es die längste Zeit mein zentrales Selbstverständnis gewesen, nicht mehr selbst zu produzieren. Dafür hatten wir genügend hoch talentierte Produzenten an Bord. Denen wollte ich die bestmögliche Plattform bauen und sie strahlen lassen, nicht mich selbst in den Vordergrund spielen. Hinzu kamen ganz pragmatische Zeitgründe. Ich hielt prinzipiell 50 Prozent meines Kalenders von langfristigen Terminen frei, um kurzfristig für die Mitarbeiterinnen und Mitarbeiter verfügbar zu sein, wenn akuter Bedarf bestand. Bei der Größe und Projektvielfalt der UFA bestand der ziemlich häufig. Das ließ sich mit dem Job des Produzenten kaum vereinbaren. Selbst beim *Medicus* konnte ich viel seltener vor Ort sein, als ich es mir gewünscht hätte. Würde man mich tiefenpsychologisch analysieren, käme man wohl zu dem Resultat, dass an den komplexen Bemühungen um die UFA Cinema, die ich im elften Kapitel geschildert habe, auch meine Sehnsucht ablesbar war, wieder selbst zu produzieren. Seit *Katharina die Große* hatte ich das nicht mehr getan. Vorerst behielt ich meinen Entschluss für mich. Denn er ging ja zeitlich damit einher, dass ich gerade den »One UFA«-Prozess angestoßen hatte. Diese umfassende Transformation stellte mich vor eine der größten unternehmerischen Herausforderungen meines Lebens und entfachte meine Leidenschaft. So fiel es mir persönlich nicht schwer, meine volle Energie noch einmal auf die CEO-Verantwortung zu richten und die andere Leidenschaft noch etwas zurückzustellen. Erst Ende 2014 informierte ich Bertelsmann und Fremantle über meine Rückzugspläne, und gemeinsam mit Nico Hofmann, der auch mein Wunschnachfolger war, vereinbarten wir den schrittweisen Übergang in der Unternehmensführung, der schließlich zu meinem Ausscheiden am 31. August 2017 führte.

Auf dem Fest zu meinem Abschied kam Nico auf unsere gemeinsame produzentische Arbeit am *Medicus* zu sprechen. »Wer dich erleben durfte«, sagte er zu mir, »mit deiner spielerischen Freude an der Drehbucharbeit und deiner Begeisterung am Set, der hat schnell gesehen, wie stark das Produzentische immer noch in dir schlummert, auch wenn dich in den letzten Jahrzehnten das Management mehr gefordert hatte.« Und meine letzte Chefin, die damalige Fremantle-CEO Cécile Frot-Coutaz, sagte in ihrer Rede den schönen Satz: »Again today, Wolf is taking another leap, leaving his legacy safely behind to embark on a new adventure, one that will take him back to his biggest passion of all: telling big, brave, epic stories.« Ich fühlte mich von beiden gut verstanden. Den perfekten Stoff zu entdecken, sich mit begabten und engagierten Kreativen an der Entwicklung zu reiben, die richtigen Partner zu überzeugen und zusammenzuführen, um schließlich Millionen Zuschauer zu bewegen – das ist für mich die faszinierendste Herausforderung, die ich mir vorstellen kann. Jedes Mal aufs Neue. Meine Rolle als Produzent habe ich klar definiert: Mich interessiert die große Erzählung, der große filmische Roman in Serie, aus Deutschland heraus für den Weltmarkt, mit starken internationalen Partnern und in englischer Sprache. *Der Medicus 2* beschäftigt mich ebenso wie *Waterloo* oder *Fatherland*. Damit möchte ich meinen Beitrag dazu leisten, die Rolle der UFA im globalen Wettbewerb um Aufmerksamkeit auch künftig zu stärken.

Ich blicke mit Dankbarkeit zurück auf die Chance, die ich bekam und die ich ergriff, obwohl ich ganz am Anfang keinerlei unternehmerische Ambitionen hatte und eher von idealistischen Motiven getrieben war. Es begann eine Achterbahnfahrt an Wachstum und Herausforderung. Und es wurde mir tatsächlich nie langweilig, weil das Unternehmen jedes Mal in eine andere Dimension gewachsen war und wir Unternehmenskultur und Ordnungssysteme neu erfinden mussten. Die Praxis der

Unternehmensführung hat mich gelehrt, dass ein gutes Unternehmen eine übergreifende Philosophie braucht, dass eine Unternehmenskultur das widerspiegeln muss und dass das einzelne Talent im Mittelpunkt steht, nicht die Organisation selbst. Das ist sicher einer der Gründe, warum die besten Programmmacher zur UFA gekommen und meist geblieben sind. Vor allem aber habe ich gelernt, dass ein Unternehmen nur gedeihen kann, wenn es zur Innovation fähig ist. Dass der entscheidende Erfolgsfaktor ist, immer wieder aufs Neue unwiderstehliche Ideen und Formate zu entwickeln. Ich kann mir keine Führungskraft im kreativen Kontext vorstellen, die langfristig Erfolg hat, ohne diesen Prinzipien zu folgen.

ANHANG

WOLF BAUERS UFA-FÜHRUNGSTEAM

BENJAMIN BENEDICT (heute: Geschäftsführer, UFA Fiction GmbH) produzierte seit 2004 für die Trebitsch Produktion Holding, wechselte nach deren Auflösung zu teamWorx und wurde schließlich Geschäftsführer der UFA Fiction. Preiswürdige Produktionen wie *Der Turm*, *Bornholmer Straße*, *Nackt unter Wölfen*, *Unsere Mütter, unsere Väter*, *Ku'damm* oder *Charité* gehen auf sein Konto.

UTE BIERNAT (heute: CEO, UFA Show & Factual GmbH) brachte internationale TV-Erfahrung mit, als sie 2000 Geschäftsführerin von Grundy Light Entertainment wurde. 2010 übernahm sie zusätzlich die UFA Entertainment und führte beide Firmen zur UFA Show & Factual zusammen. Sie etablierte Blockbuster wie *Deutschland sucht den Superstar* oder *Das Supertalent* im deutschen Fernsehen. Heute ist sie die erfolgreichste Entertainment-Produzentin im Markt.

JENS-UWE BORNEMANN (heute: Director Media Partnerships EMEA, Facebook Inc.) verstärkte uns ab 2007 ursprünglich im Business Development, ehe er das UFA Lab gründete und unser

Digitalgeschäft leitete. Später tat er das europaweit für Fremantle und akquirierte Europas größtes Influencer-Netzwerk Divimove für die Gruppe.

MARKUS BRUNNEMANN (heute: Geschäftsführer, UFA Fiction GmbH & UFA Serial Drama GmbH) hatte schon zwölf Jahre Produktionserfahrung an der Seite seines Vaters Karlheinz Brunnemann, als dessen Phoenix Film 2002 in den Verbund der UFA kam. Der Produzent von *Edel & Starck*, *Danni Lowinski*, *Unser Charly* oder *Verliebt in Berlin* ist seit 2013 Geschäftsführer der UFA Fiction, seit 2017 auch der UFA Serial Drama.

NICO HOFMANN (heute: CEO, UFA GmbH) schenkte mir 1998 sein Vertrauen, um gemeinsam mit der UFA seine Produktionsfirma teamWorx aufzubauen. Der Ausnahmeproduzent, dem wir Werke wie *Der Tunnel*, *Dresden*, *Die Flucht*, *Nackt unter Wölfen*, *Unsere Mütter, unsere Väter* oder *Deutschland 83* verdanken, führte seit 2013 die UFA Fiction, wurde 2015 neben mir Co-CEO und löste mich 2017 an der Spitze der UFA ab.

JOACHIM KOSACK (heute: Geschäftsführer, UFA GmbH & UFA Serial Drama GmbH) war bei der Grundy UFA ab 1996 als Chefautor, Regisseur und Producer für die Serien *Gute Zeiten, schlechte Zeiten* und *Hinter Gittern* tätig, dann produzierte er für teamWorx *Stauffenberg* oder *Bianca – Wege zum Glück*. Nach seiner Zeit als Fictionchef und Geschäftsführer von Sat.1 kam er 2012 zur UFA zurück.

MARTIN LICHER (heute: im Ruhestand) war von 2003 bis 2016 ein ebenso treuer wie zuverlässiger CFO, bei dem ich alle kaufmännischen, buchhalterischen und personellen Aspekte der UFA stets in besten Händen wusste.

PAVEL MARIK (heute: Geschäftsführer, Pavel Marik Productions GmbH) kam 1992 von Grundy Worldwide und unterstützte als erster General Manager den unternehmerischen wie kreativen Aufbau der Grundy UFA.

MIKE MURPHY (heute: berät immer noch das Autorenteam von *Neighbours*, dem erfolgreichsten Daily Drama Australiens) ist der Master of Daily Drama und war Gründungspartner der Grundy UFA, die sich zum leistungsstärksten Daily-Drama-Produzenten Europas entwickelt hat. Sein Wissen und seine Erfahrung um die kreativen und produktionellen Prozesse von Serial Drama hat er mit zahlreichen Teams der Grundy UFA geteilt.

AXEL REICK (heute: im Ruhestand) fing schon 1964 bei der UFA an und war kaufmännischer Leiter, als ich ins Unternehmen eintrat. 1991 beförderte ich ihn zum Geschäftsführer. Bis 2003 hielt er mir den Rücken in allen kaufmännischen Belangen frei.

NORBERT SAUER (heute: freier Produzent) hatte 1979 ein halbes Jahr vor mir als Producer bei der UFA angeheuert. Als Geschäftsführer der Gruppe sowie der UFA Fernsehproduktion produzierte er zwischen 1991 und 2012 mit vielen Auszeichnungen prämierte Filme und Mehrteiler wie *Der Sandmann*, *Die Polizistin*, *Die Gustloff*, *Die Frau vom Checkpoint Charlie* und Serien wie *Balko*, *SOKO 5113* oder *SOKO Leipzig*.

SUSANNE STÜRMER (heute: Präsidentin, Filmuniversität Babelsberg Konrad Wolf) stand ab 1998 für 15 Jahre in Diensten der UFA, seit 2006 als Geschäftsführerin. Sie verantwortete Legal & Business Affairs, Strategie und Business Development, Marketing und Kommunikation sowie die Marktforschung. Nebenberuflich lehrte sie ab 2011 als Professorin an der damaligen HFF Babelsberg, deren Präsidentin sie 2013 wurde.

RAINER WEMCKEN (heute: freier Produzent und Berater) kam 1997 zur Grundy UFA und führte das Unternehmen von 2001 bis 2016 als CEO. Er bewältigte nicht nur ein durch das gesamte UFA-Team akquiriertes immenses Wachstum mit rund 20.000 Episoden von Soaps, Telenovelas und Weeklies, sondern auch eine stetige Weiterentwicklung und Optimierung der komplexen digitalen Produktionsprozesse.

SEBASTIAN WERNINGER (heute: Geschäftsführer, UFA Fiction GmbH & UFA Distribution GmbH) war bereits langjährig als Herstellungsleiter und Executive Producer für teamWorx und UFA Cinema tätig, ehe er 2016 Geschäftsführer der UFA Fiction wurde. Als Produzent zeichnete er für *Ich bin dann mal weg*, *Der gleiche Himmel*, *Charité* oder *Der Junge muss an die frische Luft* verantwortlich.

BILDNACHWEISE

S. 33: o. UFA; u.li. Deutsche Kinemathek/Stadt Bocholt; u.re. imago images/Everett Collection

S. 34: o.li. Verlag Volker Spiess; o.re. CBS DVD; u. ullstein bild/Klaus Mehner

S. 35: o. Wolf Bauer privat; u. UFA

S. 36: o. UFA/Skylark; u.li. UFA/Alchemy; u.re. UFA/HBO

S. 37: o./u. UFA

S. 38: o. Philipp Rathmer; u. imago images/teutopress

S. 39: o. imago images/Sven Simon; u.li. Sat.1/Andre Kowalski; u.re. ZDF/Svea Pietschmann

S. 40: o. ZDF/Conny Klein; u. ZDF/David Slama

S. 41: o. ZDF/Conny Klein; u. MDR/Stefan Falke

S. 42: o. ZDF/Markus Sapper; u. ZDF/Thomas Leidig

S. 43: o. UFA; u. imago images/Future Image

S. 44: o./u. Bertelsmann/Thomas Ecke

S. 45: o./u. UFA

S. 46: o./u. UFA

S. 47: o./u.re. UFA/Stephan Rabold; u.li. UFA

S. 48: o. Wolf Bauer privat; u.li./u.re. BrauerPhotos/O. Walterscheid

LITERATUR

BAUER, WOLF; ELKE BAUR; BERND KUNGEL: *Vier Wochen ohne Fernsehen. Eine Studie zum Fernsehkonsum*. Berlin [Verlag Volker Spiess] 1976

BAUER, WOLF; NICO HOFMANN: Wir könnten hier viel mehr produzieren. Warum wir hierzulande dringend Anreize für die Produktion von High-End-Drama-Serien brauchen. In: *Frankfurter Allgemeine Zeitung* vom 16.01.2018

CASTENDYK, OLIVER; KLAUS GOLDHAMMER: *Produzentenstudie 2018. Daten zur Film- und Fernsehwirtschaft in Deutschland 2017/2018*. Leipzig [Vistas] 2018

CATMULL, ED: *Creativity, Inc. Overcoming the Unseen Forces That Stand in the Way of True Inspiration*. New York [Random House] 2014

EUROSTAT: *Culture statistics – 2019 edition*. Luxemburg [Europäische Kommission/Eurostat] 2019

GERBNER, GEORG: Die Kultivierungsperspektive. Medienwirkungen im Zeitalter von Monopolisierung und Globalisierung.

In: SCHORR, ANGELA (Hrsg.): *Publikums- und Wirkungsforschung*.
Ein Reader. Wiesbaden [Westdeutscher Verlag] 2000

GOLDMEDIA; HAMBURG MEDIA SCHOOL; DIW ECON: *Wirtschaftli-che Bedeutung der Filmindustrie in Deutschland*. Studie im Auftrag
des Bundesministeriums für Wirtschaft und Energie. Berlin
[Bundesministerium für Wirtschaft und Energie] 2017

HOFMANN, NICO: *Mehr Haltung, bitte! Wozu uns unsere Geschichte
verpflichtet*. München [C. Bertelsmann] 2018

LEMKE, TANJA: »Ein Chef ist wie ein intelligenter Clown«.
In: *Business Punk*, 6/2018

MAIER, ASTRID: Alles neu. Kann ich Zukunft? In: *ada*, 1/2019

MÄNZ, PETER; RAINER ROTHER; KLAUDIA WICK (Hrsg.): *Die UFA.
Geschichte einer Marke*. Bielefeld [Christof Kerber] 2017

MEINERS, ANTONIA; ANTJE TAFFELT: T*räume Bilder – Bilder Träu-me. Die Geschichte der UFA von 1917 bis heute*. Berlin [Nicolaische
Verlagsbuchhaltung] 2007

MOJTO, JAN: Der deutsche Film und der internationale Markt.
Keynote auf dem Deutschen Produzententag 2017. In: PALMER,
CHRISTOPH (Hrsg.): *Dokumentation Deutscher Produzententag 2017*.
Berlin [Allianz Deutscher Produzenten – Film & Fernsehen e.V.]
2017

MÜLLER, EVA; MARTIN NOÉ: »Das ist der Wow-Faktor«. In: *mana-ger magazin*, 1/2019

PAUFLER, ALEXANDER: *Führung – Kreativität – Innovation. Ein Leitfaden mit Denkstrategien und Denktaktiken für innovative Köpfe*. Wiesbaden [Springer Gabler] 2018

ROHLOFF, ADALBERT: UFA – *Eine starke Marke im Wandel der Zeiten.* Eine Dokumentation zur UFA-Geschichte von der legendären Universum-Film AG (Ufa) zur heutigen UFA Film & TV Produktion (UFA). Potsdam [UFA] 2003

SÖNDERMANN, MICHAEL: *Innovation in der Kultur- und Kreativwirtschaft. Ein Überblick zu ausgewählten Forschungstrends und Perspektiven*. Berlin [Bundesministerium für Wirtschaft und Energie] 2017

UTICHI, JOE: On Set for ›Modern Family‹ Season Finale. »We're Trying Hard Not To Finish Weak«. In: *Deadline*, 16.05.2016. https://deadline.com/2016/05/modern-family-on-set-sofia-vergara-ed-oneill-1201751179/ [08.06.2020]

REGISTER

Nick Dong-Sik

Camera Acting.
Das Schauspiel-Training

Praxis Film, 92

2019, 2. Auflage, 380 S., 43 Abb., 3 Tab.,
240 x 170 mm, dt.

ISBN (Print) 978-3-7445-0982-4 | 34,99 €

ISBN (PDF) 978-3-7445-0979-4 | 27,99 €

Wie zeigt man authentische Emotionen, Gedanken und Bewegungen in verschiedenen
Einstellungsgrößen? Wie bewahrt man kreative Spielfreude, aber ebenso Erdung und Still-
ness, während man sich am Filmset auf so vieles
gleichzeitig konzentrieren muss? Nick Dong-Sik
verfolgt das Ziel, optimale Kamerapräsenz mit
künstlerischem Ausdruck zu verbinden und legt
den Fokus dabei auf den Körper.

Dieses Buch führt Schauspieler durch Theorie
und Praxis – vom Drehbuch bis zum Drehtag.
Es richtet sich an jeden, der sich für Filmschau-
spiel interessiert bzw. in diesem Bereich profes-
sionell arbeiten möchte: vom Schauspielschüler
bis zum Berufsschauspieler, vom Theaterschau-
spieler, der zum Film wechseln möchte, bis hin
zum engagierten Hobbyschauspieler. Aber
auch Regisseure und Regiestudenten können
von diesem Buch profitieren, weil sie darin eine
Menge guter Werkzeuge für die Schauspielfüh-
rung am Set finden werden.

Nick Dong-Sik ist ein deutsch-
koreanischer Schauspieler. Er hat
in zahlreichen internationalen
und nationalen Kino- und Fern-
sehproduktionen mitgewirkt.
In seiner langjährigen Tätigkeit
als Schauspielcoach entwickelte er seine eigene Technik
»Körpersprache als Schlüssel
zum Erfolg« und bildet junge
Schauspieltalente aus.

HERBERT VON HALEM VERLAG

Schanzenstr. 22 · 51063 Köln
http://www.halem-verlag.de
info@halem-verlag.de

Jesper Petzke

Drehplanung

Praxis Film, 88

2019, 2., überarbeitete Auflage, 386 S.,
25 Abb., Broschur, 185 x 120 mm, dt.

ISBN (Print)   978-3-7445-0781-3 | 29,99 €

ISBN (PDF)   978-3-7445-0779-0 | 23,99 €

Die überarbeitete und aktualisierte Neuauflage der »Drehplanung« bringt die Organisation der Arbeitsabläufe und Entscheidungspro-
zesse bei der Produktion von Spielfilmen und
Serien auf den Punkt. Das Spektrum dieses
praktischen Leitfadens reicht dabei von der
Planung bis zu ihrer Umsetzung. Drehplanung
ist wie Herzchirurgie – und Jesper Petzke
zeigt, wie die Operation gelingt.

Die Neuauflage wurde an aktuelle Entwick-
lungen in der Filmbranche angepasst und
legt einen zusätzlichen Schwerpunkt auf das
neuerdings so beliebte Serienformat mit seinen vielfältigen Eigenheiten. Vorangestellt ist
ein Vorwort des Regisseurs und vielfachen
Grimme-Preisträgers Dominik Graf. In einem
ergänzenden Interviewteil geben zwei Filmschaffende einen kurzweiligen Einblick in ihre
praktische Arbeit mit dem Drehplan. Das Buch
ist damit Pflichtlektüre für angehende Produzenten und Regisseure sowie für Produktions-
leiter, Regieassistenten und Aufnahmeleiter.

Jesper Petzke arbeitet als freier
Autor und Regisseur. Er unterrich-
tet an der Hochschule für Fernsehen und Film München und war als
Regieassistent für die Drehplanung
zahlreicher Fernsehfilm- und Kino-
produktionen verantwortlich.

HERBERT VON HALEM VERLAG

Schanzenstr. 22 · 51063 Köln
http://www.halem-verlag.de
info@halem-verlag.de

Filmwissenschaft

ROLF GIESEN

Der Angriff der Zukunft auf die Gegenwart.
Vergangenheit, Gegenwart und Zukunft der
Bewegtbilder – Spekulationen diesseits und
jenseits der Digitalisierung

2018, 338 S., 35 Abb., 1 Tab., 240 x 165 mm, dt.

ISBN (Print) 978-3-7445-1193-3
ISBN (PDF) 978-3-7445-1191-9

Die heutige Bewegtbildproduktion zehrt vom Erbe des Films, lebt von der
Kraft des Legendären, Dynamischen, Weltentrückten, des ›Bigger than Live‹
und übt so eine nahezu magische Anziehungskraft aus. Berufe wie Regisseur,
Kamerafrau, Drehbuchautorin oder Szenenbildner versprechen ein Leben
voller Kreativität und Abenteuer. Immer mehr Studienanfänger streben zum
Film, obwohl die späteren Berufs- und Verdienstmöglichkeiten voraussicht-
lich schlechter sind als in anderen Berufsfeldern. Die technologische Entwicklung als treibende Kraft hat eine grundlegende Umwälzung der Medienindus-
trie in Gang gesetzt. Die Konsequenzen für die späteren Berufsbilder sind
schwer abschätzbar. Wird das individuelle Kino im Kopf bald Wirklichkeit
sein? Und was bedeutet das für die Film- und Medienschaffenden?

HERBERT VON HALEM VERLAG
Schanzenstr. 22 · 51063 Köln
http://www.halem-verlag.de
info@halem-verlag.de